AF566515

Kai-Uwe Merz

BERTOLT BRECHT IN BERLIN

BeBra Verlag

Der Abdruck folgender Passagen aus Brechts Werken erfolgt mit freundlicher Genehmigung des Suhrkamp Verlags:

»Ich bin aufgewachsen als Sohn ...« (S. 9f.), aus: Bertolt Brecht, Verjagt mit gutem Grund, Ausgewählte Werke in sechs Bänden, Bd. 3, S. 348
»Von diesen Städten wird bleiben ...« (S. 16f.), aus: Bertolt Brecht, Vom armen B.B., Ausgewählte Werke in sechs Bänden, Bd. 3, S. 199/120
»BALICKE hebt sein Glas ...« (S. 20f.), aus: Bertolt Brecht, Trommeln in der Nacht, Ausgewählte Werke in sechs Bänden, Bd. 1, S. 83f.
»Damit ihr aber seht ...« (S. 30f.), aus: Bertolt Brecht, Der aufhaltsame Aufstieg des Arturo Ui, Ausgewählte Werke in sechs Bänden, Bd. 2, S. 389f.
»Die Vaterstadt ...« (S. 38), aus: Bertolt Brecht, Die Rückkehr, Ausgewählte Werke in sechs Bänden, Bd. 3, S. 385

Inhalt

Vorwort
Berlin? Nicht ohne Brecht!

Dieser Augsburger ist Berliner. Das Schwäbische hat man ihm zwar sein Leben lang dezent angehört. Aber wer sich mit Berlins Kulturgeschichte des 20. Jahrhunderts auseinandersetzt, kommt um Bertolt Brecht nicht herum. Und wer von Brecht und Berlin redet, muss auch von seiner Gefährtin und Mitarbeiterin Helene Weigel sprechen. Beide zeigt das Foto des Covers. Es ist vom 1. Mai 1954. Er schwenkt am *Kampftag der Arbeiterklasse* auf dem Wagen seines Theaters, des *Berliner Ensembles* am Schiffbauerdamm, die Mütze. Sie hat die rote Nelke am Revers. Es ist der Wagen des Theaters, wir sehen das berühmte Logo mit dem Schriftzug, der an der Demonstration in Ost-Berlin teilnimmt. Auch der andere ganz Große der deutschen Literatur, der Lyrik, Prosa, des Theaters, ebenfalls von weitgespannten, nicht bloß kulturellen Interessen, Johann-Wolfgang von Goethe, war politisch, hat sogar Staatsämter versehen in seinem Weimar. Ob das Politische beider starke Seite war, lässt sich debattieren. Der Unterschied zwischen beiden ist, dass der Frankfurter anders als der Bayer niemals Berliner geworden ist. Und Goethe hätte es auch niemals gewollt.

Größe ist eine Kategorie der Nachgeborenen.

Bevor Brecht Berliner und dort zu einem *Großen* wurde, war er Münchner. Ein dort zur Welt gekommener jüdischer Autor wurde schon sein Freund, bevor er auch nach Berlin ging. Brecht als Münchner? Lion Feuchtwanger gibt uns in seinem München-Roman *Erfolg* von 1930 eine Antwort. Der Roman ist Sittenbild der bayerischen Metropole zu der Zeit, in der Adolf Hitler dort seinen Aufstieg erlebte. Brecht erkennt sich in der Figur des Kaspar Pröckl als Karikatur seiner selbst. Ingenieur ist dieser Pröckl bei den Bayerischen Kraftfahrzeugwerken, entwirft ein Serienauto, gibt sich als Marxist, singt Balladen zum Banjo und verschwindet zeitweise beruflich nach Sowjetrussland. Nachklang der Gespräche zwischen ihm und dem sich in *Erfolg* als Tüverlin verkleidenden Feuchtwanger sind Bemerkungen wie diese:

Der Ingenieur Pröckl verlangte von Tüverlin gebieterisch, daß er aktivistische, politische, revolutionäre Literatur mache oder keine. Hatte es Sinn, während der gewaltigsten Umstellung der Welt läppische, kleine Gefühlchen einer sterbenden Ge-

sellschaft festzuhalten? Sanatoriums-, Winterkurortpoesie zu machen, während der Planet zerrissen wurde vom Klassenkampf?

Begeistert war Brecht von dieser Beschreibung überhaupt nicht. Er beschwerte sich bei Feuchtwangers Frau Marta. Auch Brechts automobile Begeisterung hatte im realen Leben einen Berlinischen Zug. In einer Tagebuchstelle, in der er Stichworte seiner mit der Reichshauptstadt verbundenen Träume aufzählt, erwähnt er den *kleinen AGA-Wagen*. Das ist ein Automobil, das anfangs der 1920er-Jahre Aufsehen erregte und das in der Herzbergstraße in Berlin-Lichtenberg produziert wurde.

Zurück zum Kultur-Berlin! Wir begegnen vielen mindestens Lebensabschnitts-Berlinern, die Brechts Erbe weitertragen. Günter Grass schreibt ihn in ein Berliner Drama. Max Frisch hat ihn in der Stadt besucht. Therese Giehse vergleicht das Berliner Theatergenie Peter Stein mit ihm. Der Berliner Lyriker und Liedermacher Wolf Biermann bekennt sich zu *Brecht, Brecht, Brecht*. Dieses Buch verfolgt das Thema Brecht und Berlin durch sein Jahrhundert. Es fasst Kapitel und Passagen aus meinen Berliner Kulturgeschichten der vergangenen drei Jahre zusammen: Aus *Vulkan Berlin* über die

1920er-Jahre von 2020, *Monster Berlin* über NS-Zeit und Zweiten Weltkrieg von 2021, *Wüste Berlin* über die Nachkriegszeit aus dem gleichen Jahr, aus *Eiszeit Berlin* über den Kalten Krieg und *Zement Berlin* über die Mauerjahre von 2022 sowie aus *Revolte Berlin*, dem zeitgleich 2023 mit diesem Brecht-Bändchen erschienenen Band Berliner Kulturgeschichte über Studentenrevolte und 1970er-Jahre. Ich danke der Lektorin Marijke Leege-Topp für die Zusammenstellung der Texte, der Grafikerin Goscha Nowak für die vorzügliche Gestaltung und meinem Verleger Dirk Palm für die Aufnahme in das erste Quartett der Bände der Reihe BeBra MINI. Ich widme dieses kleine Buch über einen Berliner Bayern meiner Mutter Edelgard Merz zu ihrem 85. Geburtstag. Sie hat, damals mit meinem Vater, nach der Wende West-Berlin verlassen – nach Bayern. Ihrem Zungenschlag ist das Berlinische bis heute dezent anzuhören. Es soll, wozu die kleine Reihe auch gedacht ist, ein kleines Geschenk sein.

Kai-Uwe Merz, Berlin-Friedrichshain

Trommeln in der Nacht
Brechts Durchbruch in Berlin

Bertolt Brecht ist zweifellos einer der konsequentesten Kritiker des Bürgertums, der Klasse, die Marxisten »Bourgeoisie« nennen. Es ist bezeichnend, dass er mit Augsburg aus einer Stadt kommt, die in seiner Jugend Zentrum bürgerlichen Selbstbewusstseins und biederen, ehrbaren Gewerbefleißes gewesen ist, die wegen der Bankhäuser der Fugger und Welser auf eine große weltgeschichtliche Bedeutung im Zeitalter des Frühkapitalismus zurückblicken konnte, wie seine Biografin Marianne Kesting anmerkt. Noch dazu stammt Brecht aus einem gut situierten bürgerlichen Elternhaus. Seine Herkunft beschreibt er selber später in dem Gedicht *Verjagt mit gutem Grund* so:

Ich bin aufgewachsen als Sohn
Wohlhabender Leute.
Meine Eltern haben mir
Einen Kragen umgebunden und mich erzogen
In den Gewohnheiten des Bedientwerdens
Und unterrichtet in der Kunst des Befehlens. Aber
Als ich erwachsen war und um mich sah,

Gefielen mir die Leute meiner Klasse nicht.
Nicht das Befehlen und nicht das Bedientwerden.
Und ich verließ meine Klasse und gesellte mich
Zu den geringen Leuten.

Wichtig zu vermerken: Der junge Brecht, geboren am 10. Februar 1898 als Eugen Berthold Friedrich Brecht, ist zunächst keineswegs marxistisch oder kommunistisch orientiert. Inwieweit er auch im späteren Leben als Staatsdichter der DDR trotz aller Ehrbezeugungen gegenüber dem Stalinismus linientreu gewesen ist, man denke an sein Gedicht zum 17. Juni 1953, soll hier zunächst nicht interessieren. Zu fragen bleibt, inwieweit sein autobiografisches Gedicht von einem tatsächlich und nachhaltig vollzogenen Wandel seiner anerzogenen Prägung berichtet. Eine Auseinandersetzung mit Karl Marx und Wladimir I. Lenin nimmt Brecht erst nach seiner endgültigen Ankunft in Berlin im Jahre 1924 auf. Für Brecht, der zunächst ein Medizinstudium beginnt und im Weltkrieg wie Alfred Döblin Lazarettdienst leistet, ist die erste künstlerische Etappe München. In Schwabing gewinnt er u. a. die Freundschaft des Komikers Karl Valentin. Zeitlebens und von Beginn an ist die große Stadt ein wichtiges Thema des Dichters Brecht. Sie trägt in seinem Werk immer wieder andere, unterschiedliche Namen: London, Sezuan, Mahagonny und Babylon oder auch Sodom und Gomorrha. 1934 dichtet er:

Die Stadt Sodom und Gomorrha
Denkt ihr euch am besten ganz wie unsere Städte.
So wie unsre Stadt Berlin und unser London.

An diesem Beispiel zeigt sich ein Kunstgriff seiner literarischen Arbeit – das Werkzeug heißt Verfremdung. Das ist ein anderes Darstellen als im Realismus des naturalistischen Theaters wie zum Beispiel in Gerhart Hauptmanns *Der Biberpelz*. Die große Stadt ist bei Brecht oft namenlos, nur ein anonymer Schauplatz des Geschehens. Sie steht für Entfremdung, Ausbeutung, Klassenkampf. Als junger Mann nennt er Berlin »das kalte Chicago«.

Dabei hatte er 1921 noch keine einzige amerikanische Stadt gesehen; das geschieht erst in der Emigration. Auch Brecht flieht vor der nationalsozialistischen Verfolgung. Bis dahin ist seine gesamte Großstadterfahrung zugleich Berlin-Erfahrung. Allerdings: Sein Gleichsetzen mit Chicago weist auf die Tatsache hin, dass sich Berlin in den 1920er-Jahren rühmte, die amerikanischste Stadt Deutschlands zu sein. Amerika und die Amerikaner waren sehr präsent. Der junge Brecht ist Provinzler. Er weiß: Wer Berlin erobert, der erobert Deutschland und vielleicht die Welt. Erfolge in der Provinz, zumal auf den Brettern des Theaters, zählen nicht viel, wenn ihnen nicht der Ruf in die Metropole folgt. Deshalb will er sich auf eigene Faust einen Namen in der Hauptstadt machen.

Im Februar 1920 reist er das erste Mal nach Berlin. Er will mit Verlagen und Theatern verhandeln. Fasziniert ist Brecht von dem »ungeheuren Häuserhaufen, dem Tohuwabohu der Autos«, von den U-Bahnen und den Warenhäusern. Im Februar 1920 schreibt er in einem Brief: »Alles ist schrecklich überfüllt von Geschmacklosigkeiten, aber in was für einem Format, Kind!«

Folgender Satz bringt es auf den Punkt: »Ich liebe Berlin, aber m.b.H.« – also: mit beschränkter Haftung. Schon die schiere flächenmäßige Ausdehnung ist ihm der Rede wert: »In dieser Stadt kommt man zu gar nichts, weil die Entfernungen so groß sind. Wenn man in ein Theater will, muß man in seiner Jugend aufbrechen, um im Silberhaar dort zu sein.« Dies alles sind Aussagen über seine erste Begegnung mit Berlin. Bis er sich endgültig niederlassen kann, wird er noch neun Reisen in die Hauptstadt machen.

Brechts Äußeres ist schon in diesen ersten Berliner Jahren inszeniert. Er hat ein scharf geschnittenes Gesicht, tief liegende Augen, ist kurz geschoren, hat immer eine Zigarre im Mundwinkel, er trägt Ledermütze, Monteurjacke, Sporthemd. Die Beschreibung des aus Prag nach Berlin gekommenen Literaten Willy Haas ist fast schon Karikatur: »Das Seltsamste: eine schäbige kleine Drahtbrille, wie man sie in Berlin gar nicht mehr bekam. Sie hätte zu einem Schulmagister in Wunsiedel gepaßt. Mit großer Sorgfalt zog er sie aus einem Futteral, wenn er lesen wollte, putzte sie, stülpte sie sich über die Ohren und versorgte sie nachher ebenso sorgfältig wieder in seine Brusttasche.«

Brecht war recht bald umgeben von einer Schar Anhänger. Er brauchte die ununterbrochene Debatte. So entsprach es auch seinem sogenannten kollektiven Regiestil: Am Ende bestimmte er. So erzählt es sein früher Berliner Freund und Förderer, der Dichter Arnolt Bronnen: »Brecht spazierte, behaglich an seiner Zigarre schmauchend durchs Zimmer, hörte sich dabei Argumente und Gegenargumente von Dutzenden von Leuten an, witzelte, zwinkerte und blieb doch unbeirrbar auf seiner Linie.« Ganz ähnlich hatte sich das bei Manès Sperber bezüglich der Gespräche beim Arzt und Schriftsteller Alfred

Döblin in der Frankfurter Allee angehört. So war es auch, in Bronnens Schilderung, bei einer der ersten Regiearbeiten Brechts, wo er es mit niemand Geringerem als mit Heinrich George zu tun hatte, der dann 1931 in der Verfilmung von *Berlin Alexanderplatz* den Biberkopf spielte. Bronnen erzählt über Brecht und George: »Ich [...] erschauerte, wenn da oben der gerad den höchsten Ruhmes-Gipfeln zujagende George stand und meine Worte sprach. Doch Brecht trieb den keuchenden, japsenden Koloß von der Rampe, zerhackte unerbittlich jedes nur expressiv herausgeschleuderte, aber nicht vorgedachte, vorartikulierte Wort. [...] Das ging so Probe für Probe und bei jeder Probe waren sich die Beteiligten klar, dass es die letzte gewesen wäre.«

Inzwischen muss das Theater die angekündigte Premiere mehrfach verschieben, »aber dann war es endgültig aus. In einem letzten großen Tumult wirbelte George seine Rolle von der Bühne bis in die fünfzehnte Reihe hinunter, und die Straub ging mit Weinkrämpfen ab. Brecht gratulierte mir mit jenem Sarkasmus, der immer einen Triumph bei ihm verschleierte: ›Mit denen wäre es nie etwas geworden.‹« Heinrich George und Agnes Straub, das waren prominente und auch physisch gewichtige Schauspielerpersönlichkeiten in Berlin, und Bronnen schreibt: »[…] und herein kam dieser dünne, kaum mittelgroße Augsburger und sagte ihnen dürr und präzise artikulierend, daß alles, was sie machten Sch[…] wäre.«

Bei all dem darf allerdings nicht übersehen werden, dass in diesen Beschreibungen des jungen Brecht in Berlin auch ein Stück weit Berlinische Herablassung spürbar ist: Anhand einer Brille auf einen »Schulmagister aus Wunsiedel« zu kommen, das spricht Bände in Hinblick auf die Unvoreingenommenheit der Hauptstädter.

Niederlassen kann sich Brecht 1924 in Berlin, nachdem ihm der befreundete Regisseur Erich Engel eine Anstellung als Dramaturg am Deutschen Theater besorgt hat, an dem zur gleichen Zeit Carl Zuckmayer anfängt. Dort lernt Brecht Helene Weigel kennen, die er später heiraten wird. Sie hilft ihm mit der Wohnung in der Spichernstraße. Aber sich als Großstädter neu zu erfinden, das ist dem Augsburger, dessen Schwäbisch zunächst noch durchklingt, schon zuvor gelungen. 1922 dichtete der große Lyriker Brecht:

In der Asphaltstadt bin ich daheim. Seit vielen
Jahren
Lebe ich dort als ein Mann, der die Städte kennt

Zwischen Zeitungen mit Tabak und Branntwein
Mißtrauisch und faul und zufrieden am End.

Brecht wird ab Mitte der 1920er-Jahre zu einem der prominentesten Vertreter einer modernen Großstadtliteratur. Konservative und völkische Kritiker und die Nationalsozialisten, auf deren Verhaftungsliste er schon 1923 in München beim Hitler-Putsch stand, denunzieren und bekämpfen ihn als »Asphaltliteraten«.

Brecht hat sich der Berliner Bohème angepasst, ist »cool« und betreibt seinen Erfolg, dessen großer Höhepunkt 1928 die *Dreigroschenoper* ist. Aber er weiß im Erinnern an Aufstieg und Durchbruch auch um dessen Fragwürdigkeit. In diesen sich selbst sehr reflektierenden Brechtschen Versen weht der Windhauch aus dem alttestamentlichen Buch Kohelet:

Von diesen Städten wird bleiben: der durch sie
hindurchging, der Wind!
Fröhlich machet das Haus den Esser: er leert es.
Wir wissen, daß wir Vorläufige sind
Und nach uns wird kommen: nichts Nennens-
wertes.
Bei den Erdbeben, die kommen werden, werde ich
hoffentlich

Meine Virginia nicht ausgehen lassen durch Bitterkeit
Ich, Bertolt Brecht, in die Asphaltstädte verschlagen
Aus den schwarzen Wäldern in meiner Mutter in früher Zeit.

Den Durchbruch in Berlin verdankt Brecht seinem nach *Baal* zweiten Theaterstück. Das Drama entstand in einer ersten, nicht mehr erhaltenen Fassung im Februar 1919, damals noch unter dem Titel *Spartakus*. Es ist eng mit den revolutionären Kämpfen in Deutschland 1918/19 verknüpft, die aber nicht mehr sind als der historische Hintergrund. Der zu dieser Zeit in erster Linie als Dramatiker in München bekannte Lion Feuchtwanger äußerte sich im März 1919 begeistert: »Er ist ein Genie.« Brecht entschied sich auf einen Rat von Marta Feuchtwanger hin für den neuen Titel *Trommeln in der Nacht*. Das Stück hatte es schwer, aufgeführt zu werden, Brecht hat es zunächst mehrfach vergeblich überarbeitet.

Der Erfolg kommt noch in Bayern: Am 29. September 1922 wird das Stück in den Münchner Kammerspielen uraufgeführt, und damit ist *Trommeln in der Nacht* das erste überhaupt aufgeführte Stück Brechts. Im Zuschauerraum hingen Plakate mit Aufschriften wie »Glotzt nicht so romantisch« oder »Jeder Mann ist der beste in seiner Haut«. Zu den Premierengästen gehörte Karl Valentin. Der aus Berlin angereiste Theaterkritiker Herbert Ihering schrieb am 5. Oktober 1922 im *Berliner Börsen-Courier*: »Der vierundzwanzigjährige Dichter Bert Brecht hat über Nacht das dichterische Antlitz Deutschlands verändert.« So zitiert ihn Wolfgang M. Schwiedrzik in seinem Materialband zum Stück von 1996. Ihering war es auch, der Brecht für den renommierten Kleist-Preis vorschlug, mit dem der Dichter am 21. November 1922 ausgezeichnet wurde.

Bereits am 20. Dezember 1922 hatte das Stück auch am Deutschen Theater in Berlin Premiere. Das Drama war in der Hauptstadt allerdings ein Misserfolg und wurde schon nach wenigen Wochen abgesetzt.

Der Durchbruch Brechts in Berlin, so darf man pointiert formulieren, begann damit, dass sein erstaufgeführtes Stück in der Hauptstadt durchfiel. Immerhin: *Trommeln in der Nacht* spielt in Berlin. Was war Grund des Misserfolgs, und worum geht es in *Trommeln in der Nacht*? Eine ungefähre Antwort auf beide Fragen gibt Alfred Döblin in einer Kritik vom 24. Dezember 1922:

»Die Fabel des Stückes zu erzählen ist schwer; es ist eine kleine da, die bei der Aufführung nicht recht deutlich wurde. Ein Soldat, Andreas Kragler, kommt nach langer Gefangenschaft aus dem Krieg; seine Braut, von ihrem Verlobten Friedrich Murk in anderen Umständen, hat ihn bis zuletzt erwartet; am Verlobungsabend kommt er. Ihre Eltern, die Balickes, wollen nur den zahlungsfähigen Draufgänger und Schieber Friedrich Murk. Weiter kann ich schlecht erzählen. Andreas will seine Braut; vom zweiten Akt ab geht der Kampf, sie will ihn, will ihn nicht; er besäuft sich; es geht draußen die Spartakusrevolte im Zeitungsviertel vor sich, Andreas greift nicht ein; er zieht zum Schluß mit der Anna Balicke ab.«

Das Bühnenbild war ungewöhnlich. Aus der *Glosse für die Bühne*, also aus der Regieanweisung, geht u. a. dies hervor: »Hinter den etwa zwei Meter hohen Pappschirmen, die Zimmerwände darstellen, war die große Stadt in kindlicher Weise aufgemalt. Jeweils einige Sekunden vor dem Auftauchen Kraglers glühte der Mond auf. Die Geräusche wurden dünn angedeutet. Die Marseillaise wurde im letzten Akt von *Trommeln in der Nacht* durch ein Grammophon gespielt.«

Um einen Eindruck zu vermitteln, folgen einige Passagen aus dem Ersten Akt unter der Überschrift »Bei Balickes«:

»BALICKE hebt sein Glas: Das Wohl des Brautpaars! Anstoßend: Die Zeiten sind unsicher. Der Krieg ist zu Ende. Das Schweinefleisch ist zu fett, Amalie! Die Demobilisation schwemmt Unordnung, Gier, viehische Entmenschung in die Oase friedlicher Arbeit.

MURK: An Geschosskörben, prost! Prost, Anna!

BALICKE: Unsichere Existenzen mehren sich, dunkle Ehrenmänner. Die Regierung bekämpft zu lau die Aasgeier des Umsturzes. Entfaltet ein Zeitungsblatt. Die aufgepeitschten Massen sind ohne Ideale. Das Schlimmste aber, ich kann es hier sagen, sind die Frontsoldaten, verwilderte, verlotterte, der Arbeit entwöhnte Abenteurer, denen nichts mehr heilig ist. Wahrhaftig eine schwere Zeit, ein Mann ist da Goldes wert, Anna. Halte dich fest an ihn. Seht, daß ihr drüber hinauskommt, aber immer zu zweit, immer drüber hinaus, prost! Er zieht ein Grammophon auf.

MURK trocknet sich den Schweiß ab: Bravo! Was ein Mann ist, kommt durch. Ellenbögen muß man haben und ein Gesicht und nicht hinabschauen. Warum nicht, Anna! Ich bin auch von unten. Laufjunge, mechanische Werkstätte, hier ein Kniff, dort ein Kniff, hier was gelernt, dort was. Unser ganzes Deutschland ist so heraufgekommen! Nicht immer Handschuhe an den Händen, aber harte Arbeit immer, weiß Gott! Jetzt oben! Prost, Anna! Das Grammophon spielt ›Ich bete an die Macht der Liebe‹.«

Im weiteren Gespräch erfährt das Publikum, dass Schwiegervater und Schwiegersohn schon an einer gemeinsamen Fabrik planen, ausgerechnet Kinderwagen soll sie produzieren. Da kommt der Journalist Babusch, und es unterbricht das

»DIENSTMÄDCHEN: Der Herr Babusch, Herr Balicke!

BABUSCH trottelt herein: Kinder, ihr seid gut verschanzt vor dem roten Hexensabbat! Spartakus mobilisiert. Die Verhandlungen sind abgebrochen. In 24 Stunden Artilleriefeuer über Berlin!«

Schauplatz ist also Berlin, aber davon ist im Text ursprünglich selten die Rede; meistens wird die Chiffre »Zeitungsviertel« verwendet. Anfang der 1950er-Jahre hat Brecht den Text erneut verändert, als der westdeutsche Suhrkamp Verlag eine Ausgabe der frühen Stücke plante. Jetzt stellte Brecht die Handlung eindeutig in den Zusammenhang der Berliner Kämpfe im Verlauf des Januaraufstands und er ergänzte zahlreiche Berliner Details.

Die Kritik, die in Döblins Zusammenfassung anklingt, ähnelt der Selbsteinschätzung des alten Brecht. Unter seinen frühen Stücken sei *Trommeln in der Nacht* das »zwieschlächtigste«. Der Dichter formuliert 1954: »Die Auflehnung gegen eine zu verwerfende literarische Konvention führte hier beinahe zur Verwerfung einer großen sozialen Auflehnung. Die ›normale‹ d.h. konventionelle Führung der Fabel hätte dem aus dem Krieg kehrenden Soldaten, der sich der Revolution anschließt, weil sein Mädchen sich anderweitig verlobt hat, entweder das Mädchen zurückgegeben oder endgültig verweigert, in beiden Fällen jedoch den Soldaten in der Revolution belassen. In ›Trommeln in der Nacht‹ bekommt der Soldat Kragler sein Mädchen zurück, wenn auch ›beschädigt‹, und kehrt der Revolution den Rücken. Dies erscheint geradezu die schäbigste aller möglichen Varianten, zumal da auch noch eine Zustimmung des Stückeschreibers geahnt werden kann.«

Damals allerdings, 1922, stand für den jungen Brecht des Anfangs als Dramatiker, der sich für ihn nirgendwo anders hatte vollziehen lassen als in Berlin, eine andere, sehr persönliche Dimension vermutlich mehr als nur im Hintergrund. Wie im Stück, so spielte auch im Leben eine für den jungen Mann überraschende und ungeplante Schwangerschaft eine Rolle.

Am 24. Mai 1954 sitzt Brecht im Wagen unterwegs von seinem Haus in Buckow nach Berlin und beantwortet die Anfrage der Zeitschrift *Tribüne* nach seinem vermeintlich »schwierigen Anfang« als Schriftsteller so: »Ich habe angefangen zu schreiben, weil ein sehr junges Mädchen von mir ein Kind erwartete und ich unbedingt Geld brauchte. Ich beschloß, einen Reißer zu schreiben unter dem Titel ›Spartakus‹. Das Stück ›Trommeln in der Nacht‹ brachte mir 1. den Kleistpreis und 2. eine Rente von einem großen Verlag für zwei Jahre. Mein Anfang war alles andere als schwierig.« Wir haben gesehen: Für Münchner Verhältnisse war das Stück zwar ein »Reißer«, in Berlin allerdings nicht. Das »sehr junge Mädchen« ist Marianne Zoff. Brecht heiratet sie einen guten Monat nach der Münchner Uraufführung, und – gut fünf Monate später – am 12. März 1923 wird Tochter Hanne Marianne geboren. Sie wird unter ihrem Ehenamen Hanne Hiob eine große deutsche Schauspielerin. Ihre Urne wurde am 21. Juli 2009 am Fußende des gemeinsamen Grabes ihres Vaters und Helene Weigels auf dem Dorotheenstädtischen Friedhof in Berlin-Mitte bestattet. In den 1920er-Jahren war Berlin die international führende Metropole des Theaters. Der Augsburger Anfänger Bertolt Brecht hatte sich bewusst entschieden, nirgendwo anders seine Karriere zu beginnen. Er behauptete sich und wurde rasch eine prägende Persönlichkeit der Theaterstadt Berlin, die so reich an großen und bis heute unvergesslichen Namen gewesen ist. Max Reinhardt beispielsweise arbeitete schon lange vor dem Weltkrieg an der Spree. Ihn darf man getrost mit Bezug auf seine unternehmerische Seite den Berliner Theater-Tycoon nennen. In seinen besten Zeiten hatte er elf Häuser in seiner Regie.

Das Deutsche Theater, das Brecht anstellte, war bis 1933 eine der Reinhardt-Bühnen in der Stadt, zu denen auch das Große Schauspielhaus, der spätere Friedrichstadt-Palast, gehörte, das der Architekt Hans Poelzig mit einem einzigartigen, durch Stalaktiten-Decken gestalteten Innenraum ausgestattet hatte. Ab 1924 leitet Reinhardt für einige Jahre Theater und Komödie am Kurfürstendamm, wo unter seiner Direktion die Oper *Aufstieg und Fall der Stadt Mahagonny* von Bertolt Brecht und Kurt Weill ihre Berliner Erstaufführung erlebt.

Die andere ganz große Gestalt der Theaterstadt Berlin ist Leopold Jessner, der 1919 aus Königsberg gekommen war, das expressionistische Theater förderte und das soeben umbenannte Preußische Staatstheater am Gendarmenmarkt übernahm, das heutige Konzerthaus Berlin. Hinzu kam bald das Schillertheater in Charlottenburg. Im Preußischen Staatstheater gibt Gustaf Gründgens in der Spielzeit 1932/33, schon nach der Intendanz Jessners, den Mephisto in Goethes *Faust*. Als Theaterleiter und Regisseur setzt Gründgens den Hauptakzent auf werkgetreue, Zeile für Zeile inszenierte Klassiker und ist damit ein Widerpart des modernen, stark experimentellen Berliner Theaters. So bringt er sein Credo 1963 kurz vor seinem Tod im Interview mit Günter Gaus zum Ausdruck. In der Rolle des Mephisto »entdeckte« ihn Hermann Göring, und Gründgens' Aufstieg unter dem Nationalsozialismus als Protegé des preußischen Ministerpräsidenten Göring wurde der Stoff für Klaus Manns *Roman einer Karriere* von 1936 mit dem Titel *Mephisto*, dessen Hauptfigur Hendrik Höfgen heißt.

Der Dramatiker Carl Zuckmayer, der in seinen Erinnerungen von 1966 mit dem Titel *Als wär's ein Stück von mir* schreibt, es habe sich in Kunst und Kultur, vor allem aber im Theater zuerst gezeigt, wie »Berlin in wenigen Jahren zur interessantesten, erregendsten Stadt Europas« wurde, war selbst mittendrin in diesem »stürmischen Aufschwung«. Seine rückblickende Beschreibung der Theaterstadt Berlin zeigt ihren exzeptionellen Rang in den 1920er-Jahren: »Die Bühnen überboten einander in glänzenden, sensationellen, wagemutigen Aufführungen, eine Generation außerordentlicher Schauspieler, bedeutender Regisseure war am Werk, und über eine Flut von Schmockerei und Bluff triumphierte immer wieder das Talent und die Leistung.«

Die Institution Theater aber bekommt schon Ende der 1920er-Jahre einen mächtigen Konkurrenten, der den Häusern auch in Berlin schwer zu schaffen macht: Der Tonfilm und mit ihm die neuen, teils gigantischen Lichtspielhäuser treten auf den Plan, und Berlin kann sich dem durch diesen neuen Publikumsmagneten bedingten Theatersterben nicht entziehen.

Von München nach Berlin
Brechts Hitler heißt Arturo Ui

Mit *Der aufhaltsame Aufstieg des Arturo Ui* hat Brecht dem Weg Hitlers an die Macht ein Theaterstück gewidmet. Es erscheint erst posthum unter dem nach dem Ende Hitlers geänderten Titel *Der Aufstieg des Arturo Ui*. Der Aufstieg hatte sich in der Realität als unaufhaltsam erwiesen. Erste Ideen, »eine Satire auf Hitler« zu schreiben, äußerte Brecht bereits 1934 im Gespräch mit dem Berliner Philosophen und Kulturkritiker Walter Benjamin. Im Jahr darauf ist Brecht in New York und wird durch die Berichterstattung über das Organisierte Verbrechen dazu inspiriert, Hitlers Aufstieg in der verfremdeten Form eines Gangsterstücks darzustellen. Erst im März 1941 schreibt er als Emigrant in Helsinki die erste Fassung, mit Blick auf ein amerikanisches Publikum. Im Arbeitsjournal hält er unter dem 28. März in der dort typischen Kleinschreibung fest: »inmitten all des trubels um die visas [sic] und die reisemöglichkeiten arbeite ich hartnäckig an der neuen *gangsterhistorie*, nur noch die letzte szene fehlt.« Brecht hatte Fotos ausgeschnitten und in das Typoskript eingeklebt, die die eigentlichen *dramatis personae* zeigten, nämlich das Führungspersonal der Nationalsozialisten. Unter der Überschrift *Die Parallelen* schlüsselte er die Figuren auf: *Arturo Ui* ist Hitler, Hermann Göring heißt *Giri*, Joseph Goebbels wird zu *Givola*. Deutschland verbirgt sich hinter *Chicago*. Gleichwohl ist kultur-, nicht literaturhistorisch Berlin mitzudenken, wenn in der ersten Szene von der *Viermillionenstadt* gesprochen wird. Zudem ist die deutsche Hauptstadt der Weimarer Jahre, in der Brecht gelebt und gearbeitet hat, eine sich amerikanisch begreifende Metropole, die den USA nacheifert, in der viele Dollars investiert werden, wo Ford Autos montiert, der Bürgermeister von New York zu Gast ist und die nicht zuletzt über ein auch mit der SA verwobenes Organisiertes Verbrechen verfügt. Stadt steht im Ui für den Staat. Der *karfioltrust*, benannt nach dem österreichischen Wort für Blumenkohl, steht für *junker und industrielle*. Mit Brechts eigenen Worten lässt sich der Kern der Handlung skizzieren:

der karfioltrust muß zum sprung nach new york ansetzen, dazu ist es nötiger denn je, die arbeiter niederzuhalten, einzuschüchtern. hier hat der ui einzugreifen und alles andere sind kämpfe[,] um zum kampf zu kommen, auf den es ankommt. des-

halb die »schwäche« der stadtverwaltung in der bekämpfung des ui.

Es geht um Eroberung, zuletzt um das Erobern des als *Cicero* firmierenden Österreichs, vor allem um Machteroberung. Der satirische Zugriff beabsichtigt die Preisgabe der »großen politischen Verbrecher«, erläutert Brecht, »vorzüglich der Lächerlichkeit«. Er trifft eine frappierende Differenzierung: »Denn sie sind vor allem keine großen politischen Verbrecher, sondern die Verüber großer politischer Verbrechen, was etwas ganz anderes ist.« Man kann das als Ausdruck der ›Faschismustheorie‹ Brechts lesen, derzufolge der Faschismus bloßer Agent ökonomischer Kräfte sei. Aber vor allem ist zu berücksichtigen, dass Brecht den *Ui* schon 1941 geschrieben hat. Die Zeitung *Die Welt* hat 1958 zu Recht gefragt, ob er die Konstruktion dieser Parabel nach 1945 im Angesicht der »Leichenberge von Auschwitz und Theresienstadt« noch fertiggebracht hätte. Das Stück ist Brechts Versuch, seine marxistisch-materialistische Interpretation des Nationalsozialismus in der Form des epischen Theaters als Parabel zu veranschaulichen. Brecht formuliert: »Es kann in einem Aufruf gegen den Faschismus keine Aufrichtigkeit liegen, wenn die gesellschaftlichen Zustände, die ihn mit Naturnotwendigkeit erzeugen, in ihm nicht angetastet werden. Wer den Privatbesitz an Produktionsmitteln nicht preisgeben will, der wird den Faschismus nicht loswerden, sondern ihn brauchen.« Damit ist gemeint, was im Ui-Epilog mit dem berühmten letzten Vers »Der Schoß ist fruchtbar noch, aus dem das kroch!« ausgedrückt wird.

Die Rede des *Ui* in der Szene, in der er und seine Leute den Trust übernehmen, und zwar in Gegenwart des alten *Dogsborough*, das ist Reichspräsident Paul von Hindenburg, vermittelt in den klassischen Blankversen dieser Parabel das satirische Bild des siegreichen Diktators und seiner Diktion:

Damit ihr aber seht, daß alles ehrlich
Auf Treu und Glauben vorgehn soll, sitzt unter
Uns hier ein Mann, der uns, ich darf wohl sagen
Allen, als Vorbild goldner Ehrlichkeit
Und unbestechlicher Moral dient, nämlich
Herr Dogsborough. [...]
[...] Herr Dogsborough, ich fühle
In dieser Stunde tief, wie sehr ich Ihnen
Zu Dank verpflichtet bin. Die Vorsehung
Hat uns vereinigt. Daß ein Mann wie Sie
Mich Jüngeren, den einfachen Sohn der Bronx

Zu Ihrem Freund, ich darf wohl sagen, Sohn
Erwählten, werd ich Ihnen nie vergessen.

In der folgenden Regieanweisung steht, dass Ui mit diesen Worten die »schlaff herabhängende Hand« des Dogsborough ergreift und schüttelt. Givola alias Goebbels echot: »Erschütternder Moment! Vater und Sohn!« Alsbald ist »Feuer im Dockbezirk!«, der Speicher brennt, auf die Frage nach Brandstiftung folgt die Antwort »Ja, sicher. Man hat Petroleumkannen vorgefunden, Boß.« Am Ende der Szene brüllt heuchlerisch der Ui:

's ist weit gekommen in dieser Stadt. Erst Mord
Dann Brandstiftung! Ja, jedem, wie mir scheint
Geht da ein Licht auf! Jeder ist gemeint!

Der Wahl-Berliner Brecht emigriert am Tag nach dem Reichstagsbrand, am 28. Februar 1933. Nach 1945 kehrt er zurück, nach Ost-Berlin. Brecht hatte schon beim Hitler-Putsch 1923 in München, von dem wir auch in Feuchtwangers *Erfolg* lesen, auf den Verhaftungslisten gestanden. Das Ehepaar Feuchtwanger steigt an einem herbstlichen Tag im November 1932 am Bahnhof Zoo in den Zug, Brecht winkt beim Abfahren. Das Ehepaar trennt sich am

12. November in Southampton. Lion Feuchtwanger fährt mit der *Europa* zur Lesereise in die USA. Er trifft am 17. ein. Den 30. Januar 1933 erlebt er in New York. In seinem Tagebuch notiert er: »Um 10 Uhr kommt der deutsche Legationsrat, [...] Lehmann, und teilt mir mit, dass Hitler Reichskanzler sei.« Marta Feuchtwanger verbringt den gewohnten Skiurlaub rund um ihren Geburtstag am 21. Januar in St. Anton am Arlberg. Beide kehren nicht nach Berlin zurück. Auf Drängen ihrer Kinder Erika und Klaus fahren auch Thomas Mann und seine Frau Katia in diesem Winter von einer Reise nach Amsterdam und Arosa nicht mehr nach München. Alle drei Literaten treffen sich mit ihren Familien im Exil wieder, alle drei zuletzt in den USA.

Der neue Reichskanzler dagegen bleibt der Reichshauptstadt als Wahl-Berliner von Amts wegen erhalten. Viele Akteure des neuen Regimes waren schon in Berlin. Andere folgen. Seine am 1. Oktober 1929 bezogene geräumige Wohnung am Münchner Prinzregentenplatz in Bogenhausen, wo heute eine Polizeiinspektion residiert, blieb bis zu Hitlers Tod seine Meldeadresse. Im Mai 1934 zieht er in Berlin in das nach dem polnischen Fürsten Antoni Henryk Radziwiłł benannte Palais ein. Der Bau in der Wilhelmstraße 77 ist auf Initiative des »Eisernen Kanzlers« Otto von Bismarck Kanzleramt geworden. Hitler muss sich die Räume erst aneignen. Bei Renovierung, Modernisierung, Umgestaltung spielen Kosten keine Rolle. Er zahlt angeblich selber, wo immer auch sein Geld herkommen mag. Im Erdgeschoss sind Repräsentationsräume, Wohnräume in der ersten Etage. Für die Wohnhalle, später mit Gobelins an den Wänden, fallen Wände und Säulen. Es gibt Radio, Plattenspieler, eine geschickt verborgene Leinwand für abendliche Filmvorführungen. Das ist die »Führerwohnung«.

Im *Monster Berlin* wird das nationalsozialistische Regime sofort, zunächst noch gemäßigt, dann aber immer radikaler die großartige Kulturstadt Berlin zerstören. Brecht war eine ihrer ganz großen Figuren gewesen. Aber auch seine Bücher werden verbrannt, seine Stücke nicht mehr gespielt, viele, die mit ihm gearbeitet haben, verfolgt, vertrieben, leben im Exil, sterben unter dem menschenverachtenden Regime. Theater macht im Berlin des Dritten Reichs einer wie Gustaf Gründgens im Preußischen Schauspielhaus unter dem Schutzmantel eines Hermann Göring. Am Ende geht sein Theater im Feuersturm des Bombenkriegs unter. Lion Feuchtwangers Haus wird geplündert, er verliert wichtige Manuskripte, Teile seiner geliebten Bibliothek verschwinden. Er und seine für sein Arbeiten und seinen Alltag so wichtige Frau Marta leben einige Zeit am Mittelmeer im Emigranten-Zentrum in Sanary-sur-Mer, wo sich so viele Protagonisten des kulturell so atemberaubend reichen *Vulkan Berlin* zusammenfinden, bis die Wehrmacht ihnen nach Frankreich folgt. Feuchtwanger hatte in seinem großen Münchner Roman der Epoche vor der Machtübernahme mit dem Titel *Erfolg* Brechts revolutionären Enthusiasmus wunderbar bissig karikiert. Beide blieben Freunde bis ans Ende, der eine ging zurück nach Berlin und der andere, der im Exil blieb. Aber Feuchtwanger schrieb den großen Zeitroman des frühen nationalsozialistischen Berlins, und zwar rasend schnell, was sonst nicht seiner Arbeitsweise entsprach. Noch 1933 erschien als Teil seiner *Wartesaal-Trilogie* der Roman *Die Geschwister Oppermann*, der die Geschichte einer jüdischen Berliner Familie erzählt, die das Verfolgungsschicksal der Berliner Juden nach der Machtübernahme eindringlich schildert.

Rückkehr aus dem Exil

Ankunft im neuen Leben, im neuen System

Bertolt Brecht zählt zu den wenigen Emigranten, die nach Berlin zurückgekehrt sind. Unter ihnen ist er am bedeutendsten. In diesen Berliner Jahren bis zu seinem Tod 1956 tritt neben dem Dramatiker, Lyriker, Literaturtheoretiker der Theatermann in den Vordergrund. Brecht hat sich lange die Entscheidung offengelassen, in welche Zone er gehen wollte, und er war dabei vorsichtig. So arbeitet es der britische Germanist Stephen Parker in seiner über 1000 Seiten umfassenden Lebensbeschreibung von 2018 heraus. Brecht wartete den Sommer 1948 über am Zürichsee und bekam keine alliierte Einreisegenehmigung für Westdeutschland. Das war amerikanischem Einfluss zuzuschreiben. Brecht hatte im Herbst 1947 in Washington D.C. vor dem vom militant antikommunistischen Senator Joseph McCarthy initiierten Komitee für unamerikanische Umtriebe ausgesagt und gekonnt das Tribunal *ad absurdum* geführt. Danach war der »feindliche Ausländer«, so sein US-Status, sofort auf Nimmerwiedersehen außer Landes gegangen. Brechts

Zielvorstellung war im April 1948 klar: Das Theater am Schiffbauerdamm sollte es sein, in dem am 31. August 1928 sein Welterfolg *Die Dreigroschenoper* uraufgeführt worden war, die Weigel sollte dort *Mutter Courage und ihre Kinder* spielen. Der linke West-Emigrant hatte 1941 auf dem Weg nach Los Angeles aus Finnland kommend Stalins Sowjetunion eilig durchquert und war in Moskau auf dem Jaroslawer Bahnhof von Johannes R. Becher verabschiedet worden. Es wäre wohl falsch, anzunehmen, Brecht habe auf keinen Fall nach Westdeutschland und unbedingt nach Ost-Berlin gehen wollen. Natürlich trieb sein Taktieren seinen Preis in die Höhe. Andererseits trat er nie der Partei bei.

Am Ende gab ihm die DDR ein eigenes Theater, versehen mit üppigen Subventionen. Die Rede ist von 1,5 Millionen Mark im Jahr und 10000 Dollar für Engagements im Ausland lebender Schauspieler, bewilligt Ende 1949 durch das Politbüro im Zuge der Genehmigung des Berliner Ensembles. Allerdings hatte Brecht in der Schweiz nicht auf sowjetische Werbebriefe reagiert, und er schien aufgrund seiner Erlebnisse bei der Durchreise durch die UdSSR 1941 nicht gewillt, sich diesem Regime und seiner Zensur zu unterwerfen. Dann wurde ihm verboten, die amerikanische Zone zu betreten.

Parker weist auf die Rolle des Vaters des nach ihm benannten Europäischen Wiederaufbauprogramms George C. Marshall hin: »Ohne die Intervention des US-Außenministers hätte Brecht vielleicht sein großes Theaterexperiment nicht in Berlin, sondern in München aus der Taufe gehoben. Die Theatergeschichte wäre anders verlaufen.« So reisten Brecht und seine Frau Helene Weigel über Prag, wo der Freund und frühere Berliner »rasende Reporter« Egon Erwin Kisch Stadtrat war und beide mit tschechoslowakischen Papieren versah, Richtung Berlin. Am 12. April 1950, nachdem sie bereits in Ost-Berlin etabliert waren, werden der gebürtige Augsburger Brecht und die geborene Wienerin Weigel österreichische Staatsbürger, was oft als Lebensversicherung im stalinistischen Staatswesen gedeutet wird. Diese Pässe verschafften vor allem freie Reisemöglichkeit in die Bundesrepublik, die den anderen deutschen Staat nicht anerkannte. DDR-Bürger wurden Brecht und Weigel, weil sie sonst nicht in die Akademie der Künste aufgenommen worden wären. Das Paar genoss so den in der DDR seltenen Status von Doppelstaatlern. Die Skizze der Entscheidung für Ost-Berlin zeigt uns: Dem Umwerben Brechts aus dem Osten korrespondierte die Ablehnung vom Westen.

Es ist der 22. Oktober 1948. Ein Tag im Blockade-Herbst. Brecht und Weigel kommen im Zug in Berlin an. Brecht steigt in Lichterfelde-West aus. Am Anhalter Bahnhof steht die Presse. Er geht allein durch die zerstörte Stadt. Daraus entsteht ein Gedicht, das er *Die Rückkehr* nennt und das mit dem Wort *Vaterstadt* markiert, was dem Dichter die Metropole bedeutete, der er Erfolg, Karriere, einen Namen von internationalem Renommee verdankte und in dem es heißt:

Die Vaterstadt, wie find ich sie doch?
Folgend den Bomberschwärmen
Komm ich nach Haus.
Wo denn liegt sie? Wo die ungeheueren
Gebirge von Rauch stehn.
Das in den Feuern dort
Ist sie.

Brecht kommt dank Wolfgang Langhoff ans Deutsche Theater, jenes Haus, an dem er 1924 gemeinsam mit Zuckmayer seine Berliner Zeit begonnen hatte. Brecht und Weigel logieren erst in den Überbleibseln des Adlon, bekommen 1949 das ansehnliche, heute unansehnliche Haus am Weißensee in der Berliner Allee 185, bevor die Adresse ab 1953 Chausseestraße 125 lautet, neben dem Dorotheenstädtischen Friedhof, auf dem er und Weigel beigesetzt sind. 1950 kommt das Sommerhaus in Buckow in der Märkischen Schweiz dazu, in dessen Remise, dem Theaterschuppen, heute der Planwagen der *Mutter Courage* steht, den die Weigel 405-mal über Bühnen in Berlin und bei Gastspielen in aller Welt gezogen hat. Es klappt auch mit dem österreichischen Steyr Cabriolet für den autovernarrten Dramatiker.

Was Brecht in seiner *Vaterstadt* Berlin in seinen letzten Lebensjahren geschaffen hat, das ist ein einzigartiges und im Unterschied zum Schillertheater bis heute existierendes Theater. Die Theatercompagnie namens Berliner Ensemble entstand im November 1949, und sie bestand vor allem aus denen, die mit Brecht die *Mutter Courage* machten, rund 60 Personen, meistens jung, die wussten, dass sie für ein außergewöhnliches Vorhaben arbeiten durften. Für das Ensemble-Projekt hatte Brecht die Protektion von Ministerpräsident Otto Grotewohl und Präsident Wilhelm Pieck; die Ensemble-Geburt ereignet sich kurz nach Gründung der DDR am 7. Oktober 1949. Den Auftakt gestaltete Brecht mit einem einzigartigen, in seinem avantgardistischen Geist der Moderne und in einer weltberühmten Inszenierung theatergeschichtliche Maßstäbe setzenden Stück. Er verbindet dieses Bühnenereignis mit den ersten Eindrücken von Berlin. *Mutter Courage und ihre Kinder* ist ein Stück über den Krieg. »Wenn in unsern Ruinenstädten nach dem großen Krieg das Leben weitergeht, so ist es ein anderes Leben, das Leben anderer oder wenigstens anders zusammengesetzter Gruppen und gehemmt und geleitet von der neuen Umgebung, an der neu die Zerstörung ist«, heißt es 1956 in Brechts *Anmerkungen zur Aufführung 1949*. Als Co-Regisseur wählt er Erich Engel aus, der ihm 1924 die Anstellung als Dramaturg am Deutschen Theater verschafft hatte. Die Inszenierung ist von minutiöser Präzision. Der Marketenderwagen wird im Lauf des Stücks immer wieder verändert. Mal vollgehängt mit Waren, mal sind es weniger, mal weiß, neu, später schmutzig, geflickt. Die Hauptrolle spielt seine Frau, und in dieser Schilderung ihres Spiels von 1955 hält Brecht zugleich die Fabel fest:

Die Weigel spielt die Courage hart und zornig; das heißt, nicht ihre Courage war zornig, sondern sie, die Darstellerin. Sie zeigt eine Händlerin, kräftig und verschlagen, die eins ums andere ihrer Kinder an den Krieg verliert und doch immer weiter an den Gewinn aus dem Krieg glaubt.

Brecht unterstreicht den überbordenden Erfolg bei den Berlinern: »Leute zeigten auf der Straße auf die Weigel und sagten: ›Die Courage!‹ Aber ich glaube nicht und glaubte damals nicht, daß Berlin – und alle anderen Städte, die das Stück sahen – das Stück begriffen.« Was Brecht meint:

Die Zuschauer des Jahres 1949 und der folgenden Jahre sahen nicht die Verbrechen der Courage, ihr Mitmachen, ihr am Kriegsgeschäft mitverdienen Wollen; sie sahen nur ihren Mißerfolg, ihr Leiden. [...] Kurz, es war so, wie der Stückeschreiber ihnen prophezeit hatte. Der Krieg würde ihnen nicht nur Leiden bringen, sondern die Unfähigkeit, daraus zu lernen.

Geschrieben hatte Brecht *Mutter Courage* 1938/39 im Exil als Warnung vor dem Zweiten Weltkrieg, der mit seinem Beginnen das Warnen überholt hatte. Brecht sah nach 1945 bald neue Aktualität in neuer Kriegsgefahr. Krieg und Frieden bleiben ewig Themen, ob sie Dreißigjähriger Krieg heißen wie in der *Courage* oder Zweiter Weltkrieg wie der 1945 in Berlin beendete. Was die Zuschauer dieses Paradestücks des Epischen Theaters lernen sollen, das ist, dass sie nichts gelernt haben. Eine Provokation zu tieferem Verstehen. So wird das Geschehen auf der Bühne zum Spiegelbild des Publikums im Berlin der Nachkriegszeit, das in so zerschlissener Kleidung im Parkett saß, wie sie die Schauspieler auf der Bühne trugen, und das durch Trümmer ins Theater kam und nach der Vorstellung wieder in der *Wüste Berlin* verschwand.

Am 6. Januar 1949 wird Brecht brüsk vom Proben zum Oberbürgermeister gerufen. In der Schilderung dieser Sitzung durch den Biografen Friedrich Eberts, Norbert Podewin, hallt noch die Empörung des Stadtoberhaupts über den fordernden Brecht. Thema war das »Theaterprojekt B«, was das Vorhabens Brechts meinte, namhafte Schauspieler aus der Emigration zurückzuholen. Unter den Anwesenden waren Langhoff und der aktuelle Direktor am Schiffbauerdamm, der wichtige Berliner Theatermann und 1938 von den Nationalsozialisten ins Konzentrationslager gesperrte Wiener Jude Fritz Wisten, der 1953 die wiederaufgebaute Volksbühne übernahm, die einstweilen bei Langhoff gastierte. Brechts Empörung findet ersten Anlass darin, dass Ebert ihn nicht begrüßt oder verabschiedet, dass er Brecht nicht ansprach. Ebert sagt nur »einen skeptischen Satz über ungewisse Projekte, durch welche Vorhandenes zerstört würde.« Brecht polemisiert in seiner späteren Schilderung über die Volksbühne als »dieses sozialdemokratische Kleinbürgerunternehmen«. Diese Passage gipfelt in dem angewiderten Satz: »Zum ersten Mal fühle ich den stinkenden Atem der Provinz hier.« Brecht wollte wie Ernst Reuter anknüpfen an das vertraute Berlin der 1920er-Jahre. Aber er zerschellt am Unwillen des SED-Oberbürgermeisters mit seiner rückwärtsgewandten Vision von Berlins kultureller Zukunft:

Die Abwanderung vieler guter Künstler, das Zaudern emigrierter Künstler, zurückzukehren, wurde mit Achselzucken beantwortet, man brauchte sie nicht. Die politische Notwendigkeit, Berlin wieder zum Zentrum des deutschen Kulturlebens zu machen, wurde nicht erwähnt, und als ich darauf kam, mit Stillschweigen übergangen.

Von welchem *Berlin* war da bei wem die Rede? Meinte Brecht kulturell jenes ganze Berlin, das er vor 1933 gekannt hatte, und verdeckte die Ungezogenheit Eberts, dass er machtpolitisch nur sein halbes darunter verstand, was er aber nicht aussprechen konnte? Und der bei der Unterredung nicht anwesende Becher? Dessen Biograf Jens-Fietje Dwars vermutet, dass der Dramatiker vom Kulturpolitiker stets erwartete, ihm Freiräume zu schaffen, ihn gelegentlich öffentlich lobte, aber sich insgeheim über ihn lustig machte. Fünf Tage nach der Unterredung, am 11. Januar 1949, ist die Premiere der *Courage*, und sie wird ein sensationeller Erfolg, der Brecht schützt, weil er ihn noch schwerer angreifbar macht.

Was empfand das Berliner Publikum bei Brechts *Courage*? Nehmen wir einen jungen Berliner, 17 Jahre alt, einen von denen, die 1948 in den Sommerferien auf dem Flughafen Tempelhof als Luftbrücken-Arbeiter Mehl- und Kohlensäcke ausgeladen haben und den seine Mutter 1949 ins Deutsche Theater eingeladen hat. Sieben Jahrzehnte später erinnert sich der 90-Jährige erstaunlich präzise an Einzelheiten der ihn stark beeindruckenden Aufführung:

War ich bisher – vom preisgünstigen Heuboden [= oberste Rang-Plätze] *aus – die traditionelle deutsche Theaterszene gewohnt, die vornehmlich aus inszenierten Klassikern bestand, mitunter viel Zuhör-Mühe machte – so empfand ich das Courage-Stück plötzlich als eine Erlebnis-Revolution: Jedes gesprochene Wort wurde aufmerksam verfolgt. Alles bislang Gesehene warf ich über Bord. Auf Anhieb wurde mir bewusst: Theater muss nicht*

das Theater von gestern sein. Schüre deine Neugier, ob die nächste Inszenierung auch von neuen Ideen beseelt ist. Achte auf die Regisseure. Du betratst damals den Parkettraum und erlebtest Staunen Nummer eins: Kein Vorhang, sondern ein bühnenbreites, bühnenhohes Netztuch, auf dem – wenn ich mich recht erinnere – Sprüche angebracht waren: Hinweise auf den Krieg? Hinweise auf das Stück? Hinweise auf Was-auch-immer?
Karge Bühne. Keine Kulisse. Nur der Planwagen. Mitten im Stück: Foto- und Filmeinblendungen auf ein heruntergelassenes Gaze-Tuch. Unerwarteter Trommelschlag. Unerwartete Musik. Unerwartete Gesänge. Plötzlich sang die Weigel:
Mutter Courage, die kommt mit Schuhen
In denen es besser laufen kann.
Mit seinen Läusen und Getieren
Bagage, Kanone und Gespann –
Soll es euch in die Schlacht marschieren
So will es gute Schuhe han.
Was war naheliegender, als dass man sich plötzlich für Brecht, Weigel, Engel & Co. interessierte?

Es war die erste Begegnung des jungen Mannes mit einem »B.B.-Werk«. Der West-Berliner rückblickend: »Bald danach gab's dann ja die große Brecht-

Pause jenseits des Ostblocks.« Das Eingangslied der *Mutter Courage* aus der ersten Szene, in dem die Marketenderin ihre Dienste anpreist, ist ihm haften geblieben. Die Reflexion seiner damaligen Sehgewohnheit macht uns klar, warum Brechts Theater und modernes Theater insgesamt für das Publikum der Nachkriegszeit so anders, anregend, aufregend war. Im Theater des nationalsozialistischen Berlins gab es Moderne, Avantgarde, Experiment nicht. Wenn nicht literarisch minderwertige NS-Dramatiker gespielt wurden, dann Klassiker, bei denen jeder angestrengt lauschte, um Nebentöne, Nuancen, Nebensinne ganz bestimmt zu erlauschen.

Der Kampf um das Schiffbauerdamm-Theater war auch Anfang Juni 1953 nicht beendet. Aber im Ergebnis der sich zuspitzenden Lage durfte der SED-Staat Künstler wie Brecht und Weigel nicht verlieren. Es ging entscheidende Schritte voran, aber erst 1954 wurde es Domizil des Berliner Ensembles.

Theater am Schiffbauerdamm und Berliner Ensemble

Kämpferisch und doch im stillen Widerspruch zu Partei und System

Bertolt Brecht war am Morgen des 17. Juni 1953 im Berliner Ensemble. Er war wütend auf den *Berliner Rundfunk*. Der von ihm entdeckte Regisseur Manfred Wekwerth berichtet in seinen 2015 veröffentlichten Memoiren *Erinnern ist Leben*, der nach 1945 erst nach langem Zögern nach Ost-Berlin zurückgekehrte Marxist, Wahl-Berliner und Welterfolgs-Dichter habe sich darüber empört, dass der Sender an diesem Tag Unterhaltung mache mit Schlagern wie *Puppchen, du bist mein Augenstern* oder Operettenmelodien wie *Immer nur lächeln*, während der RIAS informiere. Tatsächlich hatte Brecht am 16. Juni durch den amerikanischen Sender von den Ereignissen erfahren. Angesichts der krisenhaften Entwicklung von Partei und Staat, Stichwort *Neuer Kurs*, der die spürbare krisenhafte Stimmung hatte dämpfen sollen, hatte sich Brecht zu dieser Zeit in sein idyllisch gelegenes Haus mit der riesengroßen Fensterfront mit einzigartigem Blick auf den Schermützelsee in Buckow zurückgezogen, informiert uns sein englischer Biograf Stephen Parker in seiner monumentalen Lebensbeschreibung von 2018. Am 15. Juni hatte Brecht dem grundsätzlich kulturfreundlichen DDR-Ministerpräsidenten Otto Grotewohl geschrieben und die definitive Verwirklichung der getroffenen Vereinbarung eingefordert, wonach er nach Fertigstellung des kriegszerstörten Baus der Volksbühne, deren Ensemble bis dahin im Haus am Schiffbauerdamm spielte, dieses Haus als eigenes Theater bekäme. Brecht drohte unverhohlen, die DDR sonst zu verlassen, und wagte den in der Nomenklatura des nach wie vor stalinistischen SED-Staats anmaßenden Satz: »Die Übernahme des Theaters am Schiffbauerdamm durch das Berliner Ensemble, das weit über Deutschland hinaus bekannt ist, würde meine Verbundenheit mit unserer Republik deutlichst dokumentieren.« Das war seine Lage, als er am 16. Juni von Buckow in der Märkischen Schweiz mit dem Wagen die mehr als 55 Kilometer in die Stadt eilte. Um 22 Uhr telefonierte er Freunde, Kollegen zusammen ins Haus in Weißensee zu Beratungen.

Am Morgen des 17. schickte Brecht in seiner Verärgerung seine Mitarbeiterin Elisabeth Hauptmann mit Wekwerth im DKW des Berliner Ensembles ins an der Spree gelegene Funkhaus in der Nalepastraße. Sie kamen nach Umwegen gegen 10.20 Uhr an. Brecht bot durch seine Boten an, dass sein Ensemble mit seiner Frau, der Ensemble-Prinzipalin Helene Weigel, mit dem wegen seiner Singstimme bekannten Ernst Busch und mit der ganzen Theatercompagnie das Programm gestalten wolle. Aber Einmischung ins Programm war unerwünscht. Es gebe keine Krisensituation, sagte der Chef vom Dienst, es gab Gelächter. Der vom Regime respektierte und geförderte, aber ungeliebte West-Emigrant Brecht hatte sein »besseres« Deutschland unterstützen wollen. Gerade noch hatte er damit gedroht, sich abzusetzen, jetzt setzte er sich für SED und DDR ein. Paradoxie im Leben eines großen Kulturmenschen. Brecht schrieb solidarische Briefe an Parteichef, Ministerpräsidenten, Sowjetrepräsentanten. Ulbricht las von »revolutionärer Ungeduld« der SED. Brecht erwähnte kritisch die ausgebliebene »große Aussprache mit den Massen über das Tempo des sozialistischen Aufbaus«. Er endete mit einer Verbundenheitsadresse an die Partei. Ulbricht nahm nur diesen letzten Satz, benutzte ihn öffentlich zur Unterstützung der Position der SED, dankte dem »Genossen Brecht« und erklärte seine Vorfreude auf ihr nächstes Gespräch. Brecht, der niemals in der SED gewesen ist, war wieder wütend.

Er war in dieser Zeit arbeitsmäßig mit seinem von ihm für den Nationalpreis 1953 vorgeschlagenen Regieassistenten Erwin Strittmatter beschäftigt, der zeitweise bei ihm im Haus in der Berliner Allee in Weißensee wohnte. Dessen vom Berliner Ensemble am 23. Mai 1953 uraufgeführtes und von Brecht inszeniertes erstes Drama, das Bauernstück *Katzgraben*, hatte zwiespältige Kritiken bekommen. Auch Strittmatter war am Vormittag des 17. Juni 1953 ins Deutsche Theater gekommen, wo das Berliner Ensemble vorläufig spielte. Brecht verlangte fortwährende Berichte über die Lage, wollte sich in den Vormittagsstunden selbst ein Bild machen, ging durch die Friedrichstraße Richtung Unter den Linden.

Seine Mitarbeiterin und Begleiterin Käthe Rülicke erinnert sich im Dezember 1958: »Im allgemeinen [sic] war Schweigen, als die Panzer kamen, alle 200 Meter winkte mal jemand. Brecht, Strittmatter und ich haben natürlich sehr begeistert den Sowjets zugewinkt. Brecht hat ungeheuer gewinkt.« Dies dokumentiert Günther Drommer 2000 in seiner Biografie *Erwin Strittmatter. Des Lebens Spiel.* Der 1994 verstorbene Strittmatter erinnert sich im Jahr vor seinem Tod sogar daran, dass Brecht im Angesicht der rollenden sowjetischen Panzer die Mütze vom Kopf gerissen und »Hurra« gerufen habe, die Umstehenden hätten mitgerufen, aber: »Dazu konnte ich mich nicht entschließen, dieser Ruf ›Hurra‹ war mir unangenehm.« Wekwerth dagegen glaubt nicht an Brechts »Hurra« und Jubel angesichts der »Kriegsmaschinen«.

Brechts Erwartung einer »großen Aussprache« wiederholte er um 13 Uhr auf der Betriebsversammlung des Berliner Ensembles, ließ dem Berliner Rundfunk erneut und erneut abgewiesene Hilfe anbieten. Um 13.30 Uhr war der Ausnahmezustand ausgerufen worden, die Panzer waren in Bewegung gesetzt. Der Sender schwieg zunächst noch. Der damals am Anfang seiner Karriere stehende Berliner Lyriker und bereits mit Brecht in Kontakt stehende Günter Kunert unterrichtet uns in seinen 1997 erschienenen Erinnerungen *Erwachsenenspiele*: »Sondersendungen, Sondermeldungen, Interviews mit Flüchtlingen im RIAS [...], das geänderte DDR-Programm, ernste Musik, dazwischen die von der Nazi-Wochenschau her bekannte Stimme Horst Preuskers, der zwischendurch die Anordnungen des russischen Stadtkommandanten vorliest.« Wekwerth weiß für den Abend von der Unterbrechung des Operettenkonzerts und der Meldung, »daß es den fortschrittlichen Kräften gelungen sei, den imperialistischen Versuch, die DDR zu unterwerfen, erfolgreich zu verhindern.«

Nachmittags war Brecht in der Sitzung der Akademie, erklärte, vor einer Reaktion der Regierung könne sich die Institution nicht äußern, nur einzelne Mitglieder könnten öffentlich die Führung unterstützen. Die Akademie war in den kommenden Tagen Brechts Bühne. Er mischte sich ein. Es gab Diskussionen darüber, was an der Kulturpolitik geändert werden müsse.

Abends bekam Kunert einen Anruf Brechts, berichtete der Lyriker am 17. Juni 2003 in der *Neuen Zürcher Zeitung*. Brecht hatte eine Idee, die er im Haus des Schriftstellers Stephan Hermlin mit dem Vorsitzenden des Schriftstellerverbands Kurt Barthel, den alle *KuBa* nannten, und mit Kunert erörtern wollte. Brecht gedachte, dem *Neuen Deutschland* vorzuschlagen, dem Parteiorgan eine von den Literaten redigierte, freiere, undogmatische Kulturseite beizulegen. Kunert: »Ich war natürlich Feuer und Flamme, bis ich Brechts gramvolle Miene wahrnahm. Er war seiner eigenen Illusion erlegen.« Ein halbes Jahrhundert danach bilanziert Kunert lakonisch Brechts Verhalten nach dem 17. Juni: »Ja, und Brecht schrieb selbstverständlich sein witziges Gedicht, dass die Regierung das Volk auflösen und sich ein neues wählen müsse – nur veröffentlichte er es nirgendwo.«

Dringlichkeit einer großen Aussprache lautete die Überschrift eines klarstellenden Brecht-Artikels am 23. Juni im *Neuen Deutschland.* Brecht nahm Bezug auf seine Verbundenheitsadresse vom 17. Juni, die er abgegeben habe, als der Missbrauch der Demonstrationen »zu kriegerischen Zwecken« erkennbar geworden sei. Er hoffe auf Isolation der Provokateure und Zerstörung der feindseligen Verbindungsnetze. Insoweit folgte er der Regierungslinie. Dann stellte er seine Forderung: »Zugleich hoffe ich aber, daß die Arbeiter, die in berechtigter Unzufriedenheit demonstriert haben, nicht mit den Provokateuren auf eine Stufe gestellt werden, damit die so dringliche große Aussprache über die allseitig gemachten Fehler nicht von vornherein unmöglich gemacht wird.« Es folgten viele Papiere und Auseinandersetzungen. Grotewohl verbot Brechts zehn Punkte zum kulturpolitischen Kurswechsel. Brecht und Walter Felsenstein, Intendant der Komischen Oper, drohten mit Akademie-Austritt. Brecht polemisierte jetzt öffentlich, bisher Undenkbares geschah, die *Berliner Zeitung* druckte seine Spottgedichte, so am 11. Juli über *Nicht feststellbare Fehler der Kunstkommission.* Die verbotene Erklärung wurde am 12. Juli doch gedruckt. Brecht beschwerte sich am selben Tag bei Grotewohl über Verschleppung durch die Parteibürokratie. Den Sommer von Juli bis September verbringt Brecht in seinem Haus in Buckow. Am 15. Juli ändert die Kulturkommission des ZK, des Zentralkomitees der SED, den Beschluss über die Berliner Theater. Brecht wird das Haus am Schiffbauerdamm bekommen. Am 22. Juli schreibt Grotewohls Büro, vor dem Schlussbescheid müsse die Volksbühne baulich fertiggestellt sein. Es dauert noch.

Im März 1954 ist Brecht am Ziel. Das Berliner Ensemble zieht an den Schiffbauerdamm, am 15. Juni folgt die erste Uraufführung. Ende Juli gewinnt die Inszenierung der *Mutter Courage* den ersten Preis des *Festival de Paris*. Brechts neuartiges Theater aus Berlin wird weltweit anerkannt. Die Auszeichnung eröffnet dem seit der Uraufführung der *Dreigroschenoper* am 31. August 1928 im Theater am Schiffbauerdamm weltbekannten Dramatiker nunmehr den Aufstieg zu nochmals gesteigerter internationaler Bedeutung. Das durch den 17. Juni geschwächte Regime vermochte den widersetzlichen Geist einmal mehr nicht gewohnt stalinistisch-administrativ zum Schweigen zu bringen. Umso mehr war sein internationales Renommee sein Überlebenskapital.

Brecht widmet sich bis zu seinem Tod am 14. August 1956 vor allem dem Theaterschaffen. Er arbeitet am Alterswerk. In vielen Texten werden Zweifel erkennbar. Öffentlich ist davon kaum etwas zu spüren. Am 25. Mai 1955 nimmt Brecht in Moskau den Stalin-Friedenspreis entgegen. Der Künstler lebt in Ost-Berlin ohnehin im stillen Widerspruch mit System und Partei. Der 17. Juni und seine Folgen haben als Katalysator gewirkt, das eigene Haus nun endlich zu bekommen. Wekwerth ist überzeugt, dass ihn der 17. Juni bis zu seinem Tod nicht mehr losgelassen hat. Sozialist, Marxist, Radikaler bleibt Brecht trotzdem.

Der große Brecht lebte nun in seinem Berlin, seine Frau führte sein Theater, er war einer der Privilegierten des Regimes. Eigentlich konnte ihm niemand mehr etwas anhaben. Doch dieses Leben hat seine Tragik, abgesehen von seinem sich stetig verschlechternden Gesundheitszustand. Er hat West-Kontakte. Wichtig sind seine Beziehungen zum Suhrkamp Verlag, der seine Werke devisenträchtig für den SED-Staat im Westen vermarktet. Das Regime benutzt ihn als Sympathieträger, als Aushängeschilde, das war der Zweck der Bemühungen, ihn in die DDR zu holen. Das stand im Hintergrund, als sie ihm das Theater überließen, ihn mit Finanzmitteln ausstatteten. Das Foto von jener Mai-Demonstration, das ihn mit Weigel zeigt, dokumentiert seine Rolle in der Außendarstellung der DDR. Er ist der weltweit anerkannte, auch im Westen, zumal in Westdeutschland angesehene fortschrittliche und erfolgreiche Dramatiker, Poet, Theatermann. Brecht in Berlin, das ist auch das propagandistisch bestimmte Image des Prototyps des proletarischen Kulturmenschen. Hatte er das wirklich und in letzter Konsequenz gewollt?

Kulturpolitik in Ost-Berlin

Joachim Tiburtius und Johannes R. Becher – Antipoden im Kalten Krieg

1953 stand der Vorsitzende des Kulturbunds, Johannes R. Becher, in Ost-Berlin nicht in der ersten Reihe. Sein Biograf Jens-Fietje Dwars schreibt in Bezug auf die Gedichte Bechers nach dem Tod Stalins am 5. März 1953 von »kaum zu überbietendem Schwachsinn«, und das stimmt, liest man Verse aus *Danksagung*, wo es heißt: »Dort wirst du, Stalin, stehn, in voller Blüte / Der Apfelbaum an dem Bodensee, / Und durch den Schwarzwald wandert seine Güte, / Und winkt zu sich heran ein scheues Reh.« Am 17. Juni 1953 ist Becher mit Zweig und Brechts Frau Helene Weigel beim Weltfriedensrat in Budapest. Der Kulturbunds-Präsident legt am 3. Juli 1953 in Reaktion auf die Ereignisse mit seinem späteren Staatsekretär im Ministerium Alexander Abusch zwölf Vorschläge für einen Wechsel zur »überparteilichen Organisation der demokratischen Selbsttätigkeit der Intelligenz vor«. Das ist keine Liberalisierung im Sinne westlicher Demokratie. Becher rüttelt nicht am vorgegebenen Rahmen des Sowjetkommunismus. Allenfalls scheint er partiell zu den Ursprungsgründen des Kulturbunds von 1945 zurückkehren zu wollen. Immerhin ist von Meinungsfreiheit die Rede, von Kunstförderung ohne administrative Eingriffe, von freier Forschung und Lehre in den Grenzen der Verfassung, von Information als Kern der Sprache der Medien oder von intensiverer Beteiligung an gesamtdeutschen Zusammenkünften. Die Diskussionen und die Beteiligung Moskaus, die dortige unklare Nachfolgesituation und deren Spiegelungen in der SED brauchen nicht im Detail in den Blick genommen zu werden. Wichtig ist, dass Becher vor diesem Hintergrund parteiintern die Gründung eines Kulturministeriums vorschlägt. Es wird seinen Sitz am Molkenmarkt haben. Becher will die Kunstkommission, das Film- und Rundfunk-Komitee und das faktisch als Zensurinstanz für Verlage agierende Amt für Literatur in das Ministerium überführen, was ihm mit Letzterem erst viel später gelingt, weil die Partei dieses Instrument unter Kontrolle behalten will. Becher beharrt hinter den Kulissen der Parteigremien auf seiner Kritik. Mitte Oktober 1953 kündigt Ulbricht an, dass er ein Ministerium für Kultur sowie eines für Wissenschaft und Unterricht vorschlagen werde. Ministerpräsident Otto Grotewohl beruft Johannes R. Becher am 7. Januar 1954 zum Minister für Kultur. Ein »Ministerium der offenen Türen« will er, jeder soll unterstützt werden, denn die Kultur erreiche höhere Entwicklungsstufen, indem sie ihre Basis verbreitere, die schöpferische Kraft der Volkskunstbewegung aktiviere.

Die DDR setzt Kulturpolitik in dem von ihr geführten Kalten Krieg ein. Vom 5. bis 7. November 1954 fand in der Volksbühne in Ost-Berlin eine erste *Deutsche Begegnung* statt, bei der u. a. der Philosoph Ernst Bloch sprach. Ein weiteres Beispiel sind die sechs *Ost-West-Gespräche*, zu denen Becher in Zusammenarbeit mit dem West-Berliner Arzt Ulrich Wallner zwischen November 1954 und März 1955 einlädt. Deren taktische Absicht wird ersichtlich vor dem Hintergrund, dass im Oktober mit den Pariser Verträgen die von Bundeskanzler Adenauer betriebene, aber in der Bundesrepublik umstrittene Wiederbewaffnung ermöglicht wird. Die Gespräche sind Versuch, so interpretiert Dwars, im letzten Moment auf den parlamentarischen Prozess Einfluss zu nehmen. Ein *Großberliner Komitee der Kulturschaffenden* ist das vom Minister bemühte Vehikel. Brecht, Zweig, Felsenstein sind beteiligt. Über hundert Intellektuelle aus West-Berlin sind eingeladen ins Weinhaus Neumann, später ins Hotel »Der Sachsenhof«, kaum einer kommt. Es sind

Veranstaltungen wie diese, die Senator Tiburtius ein Dorn im Auge sind und die ihm Anlass sind, die Beteiligung westlicher Künstler zu unterbinden. Von dem Termin am 2. Dezember 1954 liegen uns Pressefotos vor, darunter welche, die Becher neben Brecht an einem mit weißem Tischtuch gedeckten runden Tisch zeigen, mit gefüllten Weißweingläsern und Brot. Von der zweiten Veranstaltung existiert ein Protokoll. Becher wird gefragt, ob er die grausamen Maßnahmen des ZK billigt. Pathetisch übernimmt er die volle Verantwortung. Der spätere ZDF-Moderator Gerhard Löwenthal, damals FU-Student, ist da, und Melvin Lasky, ehemaliger US-Kulturoffizier, Initiator der westlichen, vom US-Geheimdienst finanzierten Kalten-Kriegs-Organisation Kongress für kulturelle Freiheit und Herausgeber der intellektuellen antistalinistischen West-Berliner Zeitschrift *Der Monat*. Lasky fordert die Rücknahme der scharfen Angriffe des Ostens auf seine Organisation. Brecht erwidert, mit Kriegshetzern diskutiere man nicht, sie müssten vernichtet werden. Lasky schlägt Brecht vor, auf fünf Seiten in seiner Publikation über ein Thema seiner Wahl zu schreiben, wenn er den gleichen Platz in einer Ost-Zeitschrift bekäme. Becher will Lasky die fünf Seiten zugestehen. Doch er kann den Handel im Amt für Literatur nicht durchsetzen, die Partei lehnt ab. Deutlich werden die Grenzen seiner Macht. Lasky lässt den Monat Anfang 1955 mit fünf Leerseiten für Brecht und Becher erscheinen. Die Gespräche scheitern. Vielen ist die propagandistische Absicht zu deutlich. West-Medien fordern ein Verbot. In West-Berlin gibt es keine Säle mehr für Becher.

Dabei hatte auch Becher seine Geschichte mit Berlin. Hier war er zum Funktionärsdichter der KPD geworden. Hier hatte er im Reihenhaus draußen in Zehlendorf zum Ende der Weimarer Republik Familie gegründet, aber dann waren Machtübernahme und Flucht über Prag in die Sowjetunion dazwischen gekommen. Stalins Diktatur, der Terror bestimmten sein Leben dort, aber er ist Überlebenskünstler, wenngleich er nicht als vollkommen zuverlässig galt. Doch er darf, wenn auch erst etwas nach der Vorhut der *Gruppe Ulbricht*, im Juni 1945 zurück nach Berlin. Er wohnt erst in der Cecilienallee, heute Pacelliallee, wieder in Zehlendorf, beruft dort die Gründungsversammlung des *Kulturbunds zur demokratischen Erneuerung Deutschlands* ein, der anfangs auch tatsächlich als übergreifende Sammlungsbewegung funktioniert, die auch Bürgerliche einbezog, wie Becher das überzeugend darzustellen wusste, was aber die von Ulbricht geführte Partei dann zurückdrehte. Bechers Leben und Wirken in Ost-Berlin ist ein Dasein, das weiterhin von Höhen und Tiefen, vielen Krisen und wenigen Glückmomenten geprägt zu sein schien. Sein Haus im Majakowskiring, der Siedlung der DDR-Staatsspitze, gibt es noch, eine Gedenktafel erinnert an ihn. Und nicht weit erinnert das Haus, das er Hans Fallada, Morphinist wie er, zuwies, an seine große kulturelle Hilfeleistung. Denn ohne Bechers Hilfe hätte der Berlin verbundene Fallada den Berliner Roman der NS-Zeit *Jeder stirbt für sich allein* nicht zu Ende gebracht.

Konkurrenz zwischen Ost und West

Brechts *Warten auf Godot*

Samuel Becketts *Godot* erlangte beim anderen *BB* des Berliner Theaters dieser Tage Aufmerksamkeit. Boleslaw Barlog hatte die deutsche Erstaufführung am West-Berliner Schlosspark-Theater im September 1953 realisiert, und vielleicht spielte die künstlerische Konkurrenz zum ihm kollegial-freundschaftlich verbundenen Bertolt Brecht bei der Entscheidung, Beckett zu holen, eine gewisse Rolle. Die zeitgenössische DDR sollte sich mit dem Iren schwertun. Dort bevorzugte man Eugène Ionesco, den anderen Protagonisten des absurden Theaters. Doch Brecht schätzte Beckett. Die Vorstellung im Schlosspark-Theater, das er, das wissen wir, besuchte, hat er wahrscheinlich nicht gesehen. Er besaß jedoch die Ausgaben seines West-Verlages Suhrkamp von Becketts Roman *Molloy* und von *Godot*. Wir wissen von der Absicht Brechts, das Stück aufzuführen. Was wäre, wenn? – Es wäre ein faszinierendes Experiment gewesen, die Brecht-Inszenierung neben die von Beckett persönlich angeleitete des Schillertheaters zu stellen. Brecht hat sich intensiv mit *Godot* auseinandergesetzt. Es gibt Zeugnisse seines Nachdenkens darüber, wie er Beckett hätte auf die Bühne bringen wollen. Handschriftlich hat er in der Liste der *dramatis personae* seiner Ausgabe vermerkt, wie er die Figuren in seinem Theater charakterisiert sehen wollte: Estragon »ein Prolet«, Wladimir »ein Intellektueller«, Lucky »ein Esel als Polizist« und Pozzo »ein Gutsbesitzer«. Das zeigt, dass er für das Berliner Ensemble das Stück konkretisieren, gesellschaftliche, politische Bezüge herausarbeiten und anschaulich machen wollte. Brecht hat am Text Streichungen vorgenommen, umgeschrieben, ergänzt. Beckett hat ihn offenbar interessiert, fasziniert, beschäftigt. Brecht wollte sich *Godot* aneignen. Dieser Brecht nach dem 17. Juni 1953, in der letzten Phase seines Lebens, war einer, der suchte, nach sich selbst, nach der Legitimierung seiner ideologischen Verwurzelung. Hat ihn vielleicht die Leere, die Aporie, die Perspektivlosigkeit bei Beckett insgeheim berührt? In jedem Fall hat Brecht wohl erfasst, dass das Stück womöglich im Geiste Charly Chaplins gemeint sein könnte. Mit Grund – in seinen ersten Studienjahren hatte Beckett mit Begeisterung Filme mit Chaplin und Buster Keaton gesehen, und 1964 wollte er für ein Filmvorhaben Chaplin als Besetzung. Brechts Mitarbeiter Manfred Wekwerth hat 2000 in seiner Autobiografie eine andere ihm bekannte Brecht'sche Reflexion des Stücks niedergelegt:

Kurz vor seinem Tode plante Brecht eine Aufführung von Becketts Warten auf Godot. Das sinnlose Warten auf Godot, der nie kommt, wollte Brecht dadurch sinnloser machen, daß Wladimir und Estragon Arbeitslose sind, die nicht Arbeit suchen, sondern Godot. In dem Stück steht die Welt still und diesen Stillstand, nicht seine Aufhebung, wollte Brecht zum »bewegenden Vorgang« machen und ihn für den Zuschauer bis zur Unerträglichkeit steigern. Was für Wladimir und Estragon »normal« ist, das Warten eben, sollte für den Zuschauer ein schreckliches Vergnügen werden.

Diese Episode in Brechts Schaffen ist eine Berliner Episode, die zeigt, wie sehr der Mann in Ost-Berlin am Welt-Theater interessiert war, wie sehr ihn wohl die Lebens- und Arbeitsumstände bisweilen auch gehemmt haben. Und die Episode zeigt, wie er gewohnt war, Stoffe und Ideen, Figuren und Stücke aufzusaugen, zu bearbeiten, um dann etwas hervorzubringen, was ganz sein eigen war, unverkennbar Brecht. Was wir von seinem Denken über den *Godot* des Iren erfahren, lässt uns vor dem inneren Auge die Inszenierung seines BE imaginieren, und es wäre, zweifellos, ein großes und bedeutendes Theatererlebnis geworden, sozusagen der proletarische *Godot*.

Brechts Sterben und sein Nachleben

Was der Dichter für Berlin bedeutet

Zwischen dem in West-Berlin maßgeblich wirkenden Regisseur Peter Stein und Bertolt Brecht gibt es Parallelen. Natürlich ist der knapp 40 Jahre jüngere Stein kein künstlerischer Nachfahre Brechts. Aber beide erleben ihre große Zeit in Berlin. Brecht und Stein sind *bourgeois* in ihrer Klassenzugehörigkeit, bedienen sich einer linken Zeitströmung, in deren Strom sie zum Erfolg schwimmen. Dazu gehört das antibürgerliche Äußere beider. Sie sind beide umgeben von ihrer Entourage, die sie mitreden lassen, sich ihr mehr oder weniger ernsthaft unterzuordnen scheinen. Am Ende sind sie, mehr oder weniger, doch die Entscheider. Beider Durchbruch findet in den Münchner Kammerspielen statt, bei Brecht am 29. September 1922 mit *Trommeln in der Nacht*, Peter Stein mit dem *Vietnam-Diskurs* am 14. Januar 1969. Beide inszenierten Revolutionsstücke. Beide drängt es danach letztlich nach Berlin, und sie wollen beide ein eigenes Haus. Bei Brecht ist es das Theater am Schiffbauerdamm, das ihm die DDR-Führung nach nachdrücklichem Drängeln überlässt, bei Stein ist es der prominent am Kurfürstendamm gelegene Mendelssohn-Bau der Schaubühne. Brechts Einstand in Ost-Berlin ist seine *Mutter Courage*, Steins Einstand an der Schaubühne, noch am Halleschen Ufer, ist Brechts *Die Mutter*. Vielleicht macht das die Theaterstadt Berlin aus, dass sich die großen Leute eigene Häuser gestalten können.

Festzuhalten ist, dass Stein ein Theater der 1920er- und 1930er-Jahre fortsetzt, in denen nach allgemeiner Überzeugung Steins Geburtsstadt Berlin Welthauptstadt des Theaters gewesen ist. Ist vielleicht die Besetzung der *Mutter* in Steins West-Berliner Debüt mit der großen Therese Giehse als programmatische Ansage an die Welt des Theaters zu lesen, obwohl doch Stein keineswegs ein Epigone Brechts war und ist? *Die* Giehse jedenfalls schreibt in den 1970er-Jahren über Stein Sätze wie diesen, und sie wusste, wovon sie redete: »Als Regisseur kommt Stein gleich nach Brecht. Er ist zart wie dieser.«

Brecht war auch die Künstlerfigur die den an dessen Haus am Schiffbauerdamm Theater-Erfahrungen sammelnden Wolf Biermann prägte. Er schreibt in seinen Memoiren diesen euphorischen Satz über seine Zeit beim Berliner Ensemble: »Unsere Welt war Brecht Brecht Brecht.« Hinweisend auf dessen Begriff vom Stückeschreiber, schreibt Biermann in seiner Autobiografie, habe er, er betont: »für sich«, den Begriff Liedermacher erfunden. Ein Wort, das seit den 1970er-Jahren eine Szene von mehr oder weniger politisch engagierten Dichtern, Komponisten und zugleich Sängern bezeichnet. Der Fall Biermann gewann in Ost-Berlin seine einmalige Bedeutung, die den Poeten als Person zum Symbol machte und dessen Rausschmiss aus der DDR – womöglich nach dem Vorbild des Vorgehens der UdSSR gegen Alexander I. Solschenizyn – für die Existenz des sozialistischen deutschen Staates zum Menetekel werden sollte. Ursache dafür war, dass die bisher vereinzelt gebliebenen kritischen Künstler danach ein erstes Mal einen gemeinsamen, wenn auch zaghaft formulierten Protest ins Leben riefen. Viele Künstler in Ost-Berlin standen – wie zuvor Brecht – in den 1970er-Jahren zwar längst in systemkritischer Distanz, waren aber nach wie vor loyal zum SED-Staat als dem in ihren Augen mindestens potenziell besseren Deutschland.

Jene Künstlerinnen und Künstler, die 1976 gegen die Biermann-Ausbürgerung nach seinem Konzert in Köln protestierten, kannten ihren Brecht, und sie wollten, was er wollte: den Sozialismus, aber einen besseren, die DDR, aber eine bessere, die Partei, aber eine bessere. Und der sich in der Nachfolge eben auch eines Brecht sehende Kommunist Biermann selbst hat das 1976 und noch lange danach auch so gewollt. Die Positionierung Brechts in seiner stillen Widersetzlichkeit gegenüber der SED ist gewissermaßen die erste große durch Praxis und Verhalten getroffene Formulierung der den Staat zwar bejahenden, ihn aber zugleich kritisierenden Einstellung. Aufgrund seiner Prominenz, seines Welterfolgs, seines Rangs als großer Theatermann in der Konkurrenz zu West-Berlin war er kaum angreifbar für die Partei, all das schützte ihn. Er hatte den Pass, der ihm ermöglichte zu reisen. Er hätte auch im Westen arbeiten können. Das Regime ließ diese kritische Sympathie nur in solchen Ausnahmefällen, bestenfalls zeitweise zu, ließ sie nie nennenswert zum Tragen kommen. Diese Haltung hat in den 40 Jahren DDR die Atmosphäre in der Hauptstadt der DDR und in ihrem Kulturleben bestimmt. Die vor allem Ost-Berliner Kulturleute, die am 4. November 1989 auf dem Alexanderplatz standen und demonstrierten, kamen aus dieser Traditionslinie. Die Linie zwischen dem großen Brecht und insbesondere dem Liedermacher Biermann lässt sich zeigen in der

Schilderung der Wahrnehmung, der Spiegelung des in den 1970er-Jahren in West-Berlin, genauer gesagt in der Nachbarschaft von Günter Grass in Friedenau lebenden Schweizer Schriftstellers Max Frisch. Er suchte damals über die Mauer hinweg den Kontakt zu Günter Kunert, Christa Wolf, Ulrich Plenzdorf, und auch zu Biermann, und auch sein Freund Grass hatte von Friedenau aus diese Kontakte über die Mauer hinweg intensiv gepflegt.

Nehmen wir den Faden auf, der von Brecht zu Biermann führt: Im zweiten Band seiner literarischen Tagebücher erinnert sich Max Frisch im Berlin-Kontext an seine Begegnungen mit Brecht. Erstmals sieht er ihn im November 1947, »wenige Tage nach seinem Eintreffen in Europa«. Der Emigrant war zurück, zunächst in Zürich. Frisch nimmt Brechts damalige Armut wahr. Der 36-jährige Architekt ist es, der Brecht von Deutschland erzählt, vor allem von Berlin, wo Frisch schon nach Kriegsende gewesen war. Den Schwarzen Markt und die roten Fahnen hatte der Schweizer im Nachkriegs-Berlin gesehen, etwas von der Blockadezeit gespürt, sich am »nordischen Himmel« der Stadt gefreut, die Seen, Krumme Lanke, Schlachtensee gemocht. Brecht sagt zu ihm: »Vielleicht kommen Sie auch einmal in diese interessante Lage, [...] daß Ihnen jemand von Ihrem Vaterland berichtet und Sie hören zu, als berichtete man Ihnen von einer Gegend in Afrika.« Es entsteht eine den jungen Schriftsteller fordernde Freundschaft. Anfang 1949, das steht schon im ersten Tagebuch, ist Brecht auf eigenen Wunsch auf Frischs Baustelle des von ihm entworfenen Freibads Letzigraben, das die Züricher heute Max-Frisch-Bad nennen und das unter Denkmalschutz steht. Brecht ist der Unterwiesene, drollig die Fahrradklammern des Architekten, die auf dem Foto zu sehen sind. Frühling 1950 Begegnung in Ost-Berlin. Das Berliner Ensemble hat Lenz' *Der Hofmeister* gegeben. »Brecht draußen auf dem Platz vor dem Deutschen Theater, ohne Aura.« Helene Weigel holt den Gast bei der unvermeidlichen Mai-Feier zum Tanz. Frisch lernt die Villa Brechts in Weißensee kennen, schlief in der Dachkammer. Bei späteren Besuchen dort Gespräch über Formalismus-Vorwürfe, Frischs Reflexion über Brechts Erleben des 17. Juni, wir denken an Grass' Stück *Die Plebejer proben den Aufstand*, beim letzten Besuch im September 1955, der »ein kurzer und sogar etwas steifer Besuch an der Chaussee-Straße« ist. Da registriert der Besucher schon den Zustand des Gastgebers: »Er sah krank aus, grau, seine Bewegungen blieben sparsam.«

Es ist die gleiche Straße, in der Frisch Wolf Biermann besuchen wird. Biermann war Max Frisch das erste Mal und unvorbereitet Mitte März 1973 auf der Buchmesse in Leipzig begegnet. Mitte Mai 1973 muss es gewesen sein, als Frisch Biermann im Eckhaus Chausseestraße 131 in Ost-Berlin besucht, wenige Schritte von der Nummer 125, in der nach Brechts Tod Helene Weigel allein lebte. Im Erdgeschoss von Biermanns Haus werden Ersatzteile für Wartburg-Autos verkauft und davor steht die Stasi. Frisch erwähnt im Berlin-Journal den Blick auf den Friedhof, auf Brechts Grab, den er, Frisch, 1955 doch in dieser gleichen damals stillen Straße, von der in den 1970er-Jahren nur Tramgeräusche auf Biermanns Gesangsaufnahmen für die West-Platten dringen, ebenfalls aufgesucht hatte. Frisch erlebt Biermann, der jeden Gast ungefragt als Publikum betrachtet, singend zur Gitarre: »Das Brecht-Erbe bleibt unüberhörbar im Text wie in der Musik; der Vortrag hingegen ist ganz und gar sein eigener, zwingend in seiner wilden Komik.« Und es ist für Frisch nicht nur das Brecht-Erbe in den Texten, was Biermann ausmacht, sondern es ist auch die politische Überzeugung des Liedermachers. Schon zur Begegnung in Leipzig hält der Schweizer fest, Biermann sei »der erste Freie seit Tagen, der erste

Kommunist«. Biermann allerdings, im Unterschied zu Brecht, hat den Konflikt gesucht, ausgehalten, ertragen in seinen Folgen. Gemeinsam ist ihnen, dass sie den SED-Sozialismus überwinden wollen.

Brecht hat 1956 noch die Geheimrede Nikita S. Chruschtschows mitbekommen, die ihn beeindruckt hat, wissen wir von Parker, der die Krankengeschichte Brechts ausführlich darlegt, uns von der in seiner Familie grassierenden Herzschwäche erzählt. Brecht hat ein sich hinziehendes, schweres Sterben erlebt. Da ist die Harnleiterinfektion, die seine Herzschwäche nicht zu kompensieren vermag, da sind ärztliche Fehlleistungen, falsche, ausbleibende Behandlungen. Dabei kann er sogar zur Versorgung nach Charlottenburg, also nach West-Berlin, er überlegt, in ein Sanatorium nach München zu gehen, liegt auf der Privatstation der Charité. Die Versuche, ihn wiederzubeleben, werden am 14. August 1956 um 23.30 Uhr aufgegeben. Er wird für tot erklärt. »Laßt mich in Ruhe!« seien seine letzten Worte gewesen, sagt seine Tochter Barbara. Alleinerbin ist seine Frau Helene Weigel. Sie soll als einzige Befugte seinen letzten Willen vollstrecken. Weigel öffnete den Briefumschlag vom November 1953, in dem er seine Bestattung bis in die Details inszeniert hatte. Seiner Angst, lebendig begraben zu werden, wirkt der Schnitt des Pathologen durch die linke Oberschenkelarterie entgegen. Am 17. August 1956 um 8.45 Uhr wird der große Brecht in einem Stahlsarg auf dem Dorotheenstädtischen Friedhof begraben. Gleich neben dem Brecht-Haus. Helene Weigel wird ihm auf die Grabstelle folgen. Auf seinem Grabstein steht *Brecht*. Parker schildert es nüchtern: »Nur seine Familie und enge Freunde waren anwesend, es wurde keine Musik gespielt und kein Wort gesprochen.« Dem Dichterkollegen und ehemaligen Kulturminister Johannes R. Becher würde es 1958 nicht mehr gelingen, das ungewollte Staatsbegräbnis abzuwenden, bei ihm wurde marschiert, musiziert, gesprochen. Sein Wille geschah nicht. Helene Weigel, so hatte ihr Mann verfügt, sollte das Berliner Ensemble fortführen, »solange sie glaubt, den Stil halten zu können«. Das Haus in der Chausseestraße 125 ist heute zu besichtigen, beherbergt ein Literaturforum. Auch das in malerisch-waldiger Umgebung am Ufer des Schermützelsees gelegene Domizil mit der Fensterfront mit dem bezaubernden Ausblick in die Natur ist als Brecht-Weigel-Haus Erinnerungsort. Am 90. Geburtstag, am 10. Februar 1988, wurde die Skulptur, die ihn gerade sitzend und überlebensgroß in Bronze zeigt, auf dem Platz nahe seinem Theater am Schiffbauerdamm eingeweiht. Sechs Meter im Durchmesser ist die leicht erhobene Fläche, auf der der Bronze-Brecht steht. Die kreisrunde Fläche steht für die Drehbühne des Theaters. Wir lesen Zitate auf der nebenstehenden Stele, sein Gedicht *Fragen eines lesenden Arbeiters*. Geschaffen hat das Bildnis der Bildhauer Fritz Cremer. Er hatte auch das Bildnis des lässig einherschreitenden Becher hergestellt, um das es Ärger gab, weil der Staat seine Minister nicht in solcher Haltung hatte sehen und erst recht nicht aufstellen wollten. Becher steht heute im Bürgerpark in Pankow.

Berlin, das gibt es im 20. Jahrhundert nicht ohne Brecht. Es gebe einen Satz, schreibt Max Frisch, der, obschon von dem unter seinem Pseudonym berühmt gewordenen Maxim Gorki über Tolstoi geschrieben, Brecht gerecht werde: »Trotz der Einseitigkeit seiner Lehre ist dieser märchenhafte Mensch unendlich vielseitig.« Er war vielseitig, wie es das großartige Berlin seiner künstlerischen Anfänge gewesen ist. Bertolt Brecht übte ähnlich wie Grass kunstfertig viele Künste zugleich aus. Brecht hat, wie wir schon im Vorwort behauptet haben, wie der große Goethe an vielem anderen Interesse auch jenseits der Künste gehabt, ob es die Autos gewesen sind, der Sport, besonders das Boxen, auch und besonders die neue Medienwelt, die er mit dem Radio einziehen sieht – und Schwimmbäder junger dichtender Architekten. Brecht aber ist, was seine Stadt angeht, vor allem ein stetiger, dauerhafter, beharrlicher Repräsentant der Kulturmetropole Berlin gewesen. Diese Treue, diese Sehnsucht, die Erinnerung an seine eigenen Durchbruchsjahre, an diese große Zeit in der Theater- und Literaturmetropole Berlin in den 1920er-Jahren haben ihm die Nationalsozialisten und hat ihm das Exil nicht austreiben können. Auch die SED hat das nicht geschafft. Berlin ist Brechts Stadt. Er hat mit Leben und Werk beigetragen, sie zu dem zu machen, was sie war, und das gilt auch nach 1945, auch für das Berliner Ensemble, das ein großes Theater gewesen ist. Und weil Berlin Brechts Stadt gewesen ist, ist es das auch noch heute. Brecht klingt immer wieder durch die Säle der Stadt. Gisela May war nur eine seiner großen Interpretinnen. Und manchmal sind es sogar ganz unvermutete Stimmen, die in dieser Stadt Brecht zum Klingen bringen. Niemand Geringerer als der in den 1970er-Jahren in West-Berlin in der Hauptstraße wohnhafte Superstar des Rock David Bowie sang auf seinem Konzert in der Deutschlandhalle in West-Berlin am 16. Mai 1978 den *Alabama Song* Bertolt Brechts von 1927 mit der Musik von Kurt Weill. Wenn sich die Stadt immer wieder ihrer so gar nicht goldenen 1920er-Jahre erinnert, dann tut sie das auch wegen Bertolt Brecht.

Weitere Bücher:

Vulkan Berlin
Eine Kulturgeschichte der 1920er-Jahre
ISBN 978-3-96201-039-3

Monster Berlin
Eine Kulturgeschichte der nationalsozialistischen Zeit
ISBN 978-3-96201-063-8

Wüste Berlin
Eine Kulturgeschichte der Nachkriegszeit
ISBN 978-3-96201-069-0

Eiszeit Berlin
Eine Kulturgeschichte des Kalten Krieges
ISBN 978-3-96201-087-4

Zement Berlin
Eine Kulturgeschichte der frühen 1960er-Jahre
ISBN 978-3-96201-113-0

Revolte Berlin
Eine Kulturgeschichte der 1970er-Jahre
ISBN 978-3-96201-127-7

Bibliografische Information der Deutschen Nationalbibliothek: Die Deutsche Nationalbibliothek verzeichnet diese Publikation in der Deutschen Nationalbibliografie; detaillierte bibliografische Daten sind im Internet über http://dnb.d-nb.de abrufbar.

Asternplatz 3, 12203 Berlin
post@bebraverlag.de
Lektorat: Tanja Krajzewicz / Marijke Leege-Topp
Satz: typegerecht berlin
Umschlag: Goscha Nowak, Berlin (Titelbild: © akg-images)
Schriften: Korolev, Stempel Garamond
Druck und Bindung: Finidr, Český Těšín
ISBN 978-3-8148-0287-9

www.bebraverlag.de

Robert Rauh

FONTANES RHEINSBERG

BeBra Verlag

Inhalt

ANHANG

Repente
ken Zechlin
Zootzensee 56
Zechl
hütte
Großer Zechliner
See
Reiherholz
t Lutterow
B 122
Dorf-
Zechlin
R
u
p
Kagar
Rheinsberger
See 56
Hohe
Warenthin
Wallitz
118
Möckern
Linow
Linowsee
87,5
RHEINSBERG
Basdorf
117
Krähenberge
Zühlen
Rheinsberg
Glienicke
112
Binenwalde
S
c
h
glienicke
Gühlen-
Glienicke
Braunsberg
Schwano
NSG
38
Kunster
spring
Tornowsee
Zermützelsee
Zermützel
nkendorf

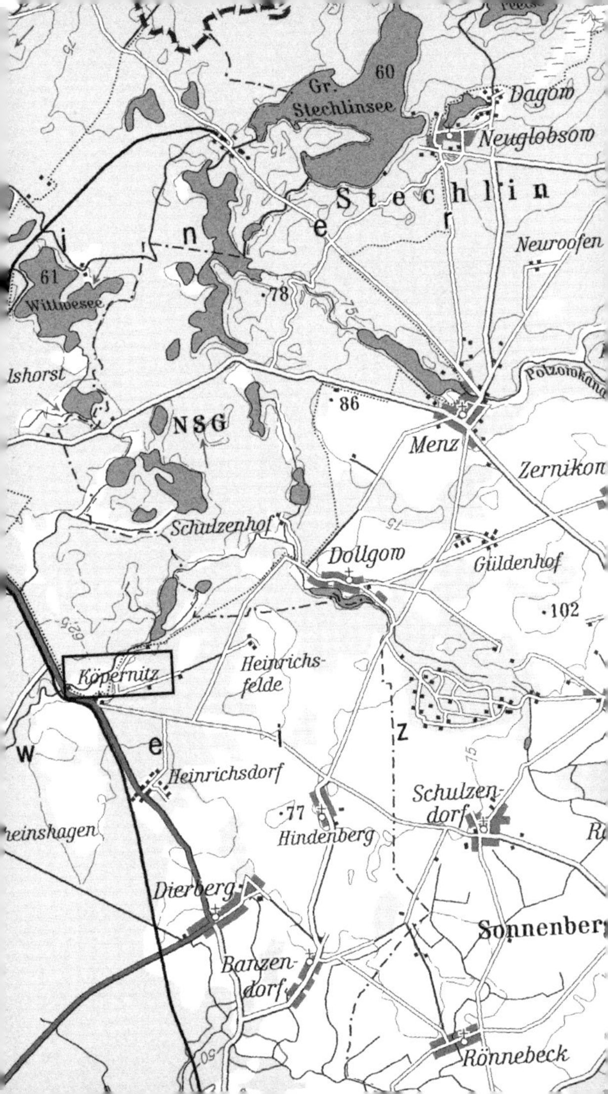

Gr. Stechlinsee
60
Dagow
Neuglobsow
Stechlin
i n e r
Neuroofen
61
Wittwesee
78
75
lshorst
86
NSG
Polzowkanal
Menz
Zernikow
Schulzenhof
Dollgow
Güldenhof
102
Köpernitz
Heinrichsfelde
w e i z
Heinrichsdorf
77
Hindenberg
Schulzendorf
einshagen
Dierberg
Sonnenberg
Banzendorf
Rönnebeck
62,5
50

Rheinsberg von Berlin aus zu erreichen ist nicht leicht.

Fontane im »Wanderungen«-Band »Die Grafschaft Ruppin«, 1862

RHEINSBERG

Der erste Satz ist ein Tourismuskiller. Ausgerechnet Fontane, der die Hauptstädter nach Brandenburg locken wollte, eröffnet sein Kapitel über die Perle der Mark mit dem Hinweis: *Rheinsberg von Berlin aus zu erreichen ist nicht leicht. Die Eisenbahn zieht sich auf sechs Meilen Entfernung daran vorüber.* Dieser Auftakt ließe sich auch als indirekter Appell verstehen, eine bessere Bahnverbindung einzurichten. Das hat Fontane – langfristig gesehen – erreicht. Ist die Bahn pünktlich, dauert es heute knapp neunzig Minuten. Der Berliner ist schneller in Frankfurt an der Oder.

In Rheinsberg selbst ist der Wanderer voll des Lobes: Die Naturschönheiten seien *nicht verächtlich* und die historischen Erinnerungen *ersten Ranges.* Tatsächlich punktet Rheinsberg noch immer mit seiner malerischen Lage am Grienericksee, weil sich hier Natur, Architektur und Kunst zu einem einzigartigen märkischen Ensemble verbinden.

Nirgendwo sonst – von Potsdam einmal abgesehen – wird ein Ausflug ins 18. Jahrhundert so lebendig wie in Rheinsberg. Und was Fontane beschrieb, kann auch heute noch besichtigt werden: das von Kronprinz Friedrich, später dem Großen, und seinem jüngeren Bruder Heinrich in einen Musenhof verwandelte Schloss, die Kirche St. Laurentius, die er *in mehr als einer Beziehung* für einen *interessanten Bau* hielt, sowie den Rheinsberger Park, *eine glückliche Mischung von französischem und englischem Geschmack.* Selbst der gepriesene Ratskeller existiert noch – wenn auch nicht mehr im Original.

Kaum ein Ruppiner Flecken hat so viel Kultur und Geschichte auf engem Raum zu bieten. Dass Rheinsberg heute so strahlt, verdankt es dem Engagement vieler Enthusiasten. Einen von ihnen treffe ich: den Kustos des Schlosses. Er war federführend dabei, als es nach der Wiedervereinigung für das Schloss hieß: zurück in die Zukunft. Die Diabetiker-Klinik des Arbeiter- und Bauernstaates zog aus und die Hohenzollern wieder ein – zumindest deren Kunstwerke, welche nun die original wiederhergestellten Raumdekorationen schmücken.

Wer sich beim Wandeln durch das Friderizianische Rokoko gedanklich auf eine Zeitreise einlässt, erhält eine Vorstellung, wie heiter und beschwingt hier poetisiert und philosophiert, musiziert und geplaudert wurde. Schnell folgt man der Deutung, Kronprinz Friedrich habe hier seine glücklichsten Jahre verbracht. Der Schein trügt. Selbst Fontane hegte Zweifel, die Rheinsberger Jahre isoliert von Friedrichs Leben davor zu sehen. Ergänzt wird hier nun: auch von seinem Leben danach. Nur für Friedrichs Frau Elisabeth Christine bedeutete das Ende der Zeit in Rheinsberg eine schicksalshafte Zäsur. Aber zunächst wollen wir in Rheinsberg ankommen. Mit Fontane.

Rheinsberg in Schottland: Der Schöpfungsakt der »Wanderungen«?

In Rheinsberg halte ich *vor einem reizend gelegenen Gasthofe, der noch dazu den Namen der »Ratskeller« führt*, und da noch ein wenig Zeit bis zur ersten Verabredung bleibt und mein *gu-*

ter Appetit entschieden der Ansicht ist, dass das Rheinsberger Schloss all seines Zaubers unerachtet doch am Ende kein Zauberschloss sein werde, das jeden Augenblick verschwinden könne, beschließe ich wie einst Fontane, zunächst ein festliches Mahl *einzunehmen und gewissenhaft zu proben, ob der Ratskeller seinem Namen Ehre mache oder nicht. Er tut es.* Noch immer. Während Fontane *unter dem Dache prächtiger Kastanien* Platz nahm, sitzen die Gäste heute unter riesigen grünen Kunstschirmen. Schloss, Kirche, Park und See – alles schön. Aber der städtische Mittelpunkt ist der Ratskeller Am Markt 1. Nicht nur geografisch.

Denn diese Ortsecke atmet Geschichte. Der Ratskeller wurde nach dem verheerenden Stadtbrand 1740 als erstes Gebäude neu errichtet – und über die Jahrhunderte überregional bekannt. Hier stiegen nicht nur der fahrende Wanderer Fontane, sondern der Maler Adolph Menzel (1860) und der Schriftsteller Kurt Tucholsky (1911) ab. Um 1900 warb das erste Haus am Platze – nun als »Hotel zum Ratskeller« – mit einem großen Festsaal, der in seiner Ausstattung einem Berliner Varietétheater Konkurrenz machen konnte. In der DDR beherbergte das Gebäude neben dem Ratskeller –

nun als staatlich betriebene »HO-Gaststätte« – ein »HO-Kaufhaus« und ein Möbellager.

Ende der 1960er Jahre musste das in die Jahre gekommene Haus wegen Baufälligkeit gesperrt werden. Zwanzig Jahre wurde um eine Neubau-Lösung gerungen. Während das Institut für Denkmalpflege für eine »Mischbauweise mit Montageelementen« in historischen Baufluchten plädierte, wollte die SED-Bezirksleitung Potsdam »standardisierte Montagezeilen ohne spezielle Ecklösung«.

Nachdem das inzwischen verfallene Gebäude 1982 schließlich abgerissen worden war, fand man einen Volkseigenen Betrieb (VEB), der sich in der Lage sah, die historisch angepasste Bauweise umzusetzen. An gleicher Stelle wurde ein schlichter, zweistöckiger Neubau errichtet, in dem 1987 – zwei Jahre vor dem Zusammenbruch der DDR – der Rheinsberger Ratskeller, nun über zwei Etagen, wiedereröffnet werden konnte.[1] Ich bestelle das, was es in vielen Berliner Restaurants bald nur noch auf Rezept geben wird: Fleisch. Konkret: »Altbrandenburgischen Schmorbraten mit Ingwersauce und Apfelrotkohl, dazu Kartoffelklöße mit Semmelbutter« für inzwischen satte 21,50 Euro (2024). Angeblich »Fontanes Leibgericht im Ratskeller Rheinsberg«. Zumindest steht es so in der Speisekarte. In seinen »Wanderungen« schreibt er dagegen, hier nur *ein solennes [festliches] Frühstück* eingenommen zu haben.

Kutschfahrt nach Rheinsberg

Während der Braten geschmort wird, schlage ich nach, wann Fontane in Rheinsberg das erste Mal recherchierte. Die märkische Kleinstadt mit den *historische[n] Erinnerungen ersten Ranges*, die Fontane bereits aus Kindheitstagen durch die Erzählungen seines Vaters Louis Henri vertraut war, gehörte zu seinen wichtigsten Ausflugszielen in der Grafschaft Ruppin. Gleich seine erste »Wanderungen«-Exkursion führte ihn zusammen mit seinem Freund, dem Dichter und Offizier Bernhard von Lepel, im Juli 1859 unter anderem nach Rheinsberg.[2] Vermutlich kehrten die beiden Männer zum zweiten Frühstück im Ratskeller ein. Seine Reiseeindrücke publizierte Fontane zunächst in einer Zeitungsserie, die im Herbst 1859 unter dem Sammeltitel »Märkische Bilder« in der »Neuen Preußischen (Kreuz-)Zeitung« erschien.[3]

Zur Vorbereitung für den ersten »Wanderungen«-Band (1862), in dem Rheinsberg ein umfangreiches Kapitel erhielt, besuchte er während seiner zweiten Ruppin-Reise am 29. Mai 1861 den Ort erneut. Einziges Ziel war diesmal die Rheinsberger Kirche, in der er »als alter Forscher drei Stunden lang« zubrachte.[4]

Auf elf Notizbuchseiten schrieb und zeichnete Fontane, was es im Innern an Prinzipalien, Grabmalen und Inschriften zu entdecken gab. Akribisch notiert er Inschriften und krittelt humorig, wenn er sein ästhetisches Empfinden gestört sieht. Ein *Monument* sieht aus *wie eine große Truhe, oder wie ein umgestürzter alter Bauer-Kachelofen.*[5] Fontane war nicht mit einer kleinen Reisegruppe nach Rheinsberg gekommen. Begleitet wurde er von seinem Verleger Wilhelm Hertz und dem Verlagsbuchhändler Adolf Enslin sowie von seiner Schwester Elise. Die Gruppe kam nicht umständlich mit dem Zug aus Berlin, sondern mit der Kutsche *von dem nur drei Meilen entfernten Ruppin.* Für mich kommt nun der Schmorbraten. Er dampft und duftet. Und löst bei mir mitten im Hochsommer Weihnachtsgefühle aus. Salat und Suppe, alles richtig. Aber macht das auf Dauer glücklich?

Wie eine Fata Morgana

Unter Geplauder erreicht die kleine Gruppe *die der Stadt zu gelegene Rückseite des Schlosses,* sie *passieren den Schlosshof, steigen in ein bereit liegendes Boot und fahren bis mitten auf den See hinauf. Nun erst machen wir kehrt und haben ein Bild von nicht gewöhnlicher Schönheit vor uns. Erst der glatte Wasserspiegel, an seinem Ufer einen Kranz von Schilf und Nymphäen, dahinter ansteigend ein frischer Gartenrasen und endlich das Schloss selbst, die Fernsicht schließend.*

Sollte Fontane diese Bootsfahrt im Jahr 1861 – oder vielleicht doch schon 1859 – unternommen haben, dann flunkert er im Vorwort zur ersten Ausgabe der »Wanderungen«, indem er die Fahrt um ein paar Monate zurückdatiert, um den Schöpfungsakt für die »Wanderungen« zu stilisieren. Im Vorwort vergleicht er seine Bootstour auf Loch Leven in der schottischen Grafschaft Kinross 1858 mit der in Rheinsberg. Hier wie dort taucht ein Schloss auf. Die Szenen verschwimmen. *So war das Bild des Rheinsberger Schlosses, das, wie eine Fata Morgana, über den Levensee hinzog, und ehe noch unser Boot auf den Sand des Ufers lief, trat die Frage an mich heran: so schön dies Bild war, das der Levensee mit seiner Insel und seinem Douglasschloss vor dir entrollte, war jener Tag minder schön, als du im Flachboot über den Rheinsberger See fuhrst, die Schöpfungen und die Erinnerungen einer großen Zeit um dich her? Und ich antwortete: nein.* Poetischer ließen sich die »Wanderungen« nicht auf die Welt bringen. Was ist Wahrheit, was Dichtung?

Die Fontane-Forscherin Gabriele Radecke geht davon aus, dass bei der Lektüre der »Wanderungen« künftig stärker zwischen fiktiver Beschreibung, die sich an einigen Stellen ins Poetische steigert, und realem Erlebnis unterschieden werden müsse.[6] Die schottische Bootsfahrt ist nur ein Beispiel.

Die Idee, ein Werk über die Mark Brandenburg zu schreiben, entstand lange vor der Fahrt über den Rheinsberger See. Bereits 1856 vermerkte der Autor in seinem Tagebuch: *Einen Plan gemacht »Die Marken, ihre Männer u. ihre Geschichte […]«.*[7] Und ein Jahr später notierte Fontane, er habe ein Buch intendiert unter dem Titel »Brandenburgische Geschichten«.[8] Wie auch immer: Rheinsberg spielte in seinen Überlegungen von Anfang an eine Rolle. Im Tagebuch von 1857 taucht der Ort in einer Aufzählung möglicher Themen explizit auf: *Die kurfürstl. Schlösser. Rheinsberg.*[9]

Trügerisches Idyll: Fontane in Friedrichs Remusberg

Rheinsberg verzückt vor allem durch sein Schloss. Friedrich II. (Reg. 1740–1786) ließ das ehemalige und in die Jahre gekommene Wasserschloss am Grienericksee während seiner Kronprinzenzeit in einen malerischen Musenhof umbauen. Seither gilt es als Musterbeispiel des Friderizianischen Rokoko. Dem Kronprinzen diente Rheinsberg als Laboratorium für seine innovativen Gestaltungsideen, die er später als König in Sanssouci vollendete. Sein jüngerer Bruder, Prinz Heinrich von Preußen, der Rheinsberg vier Jahre nach Friedrichs Thronbesteigung 1744 geschenkt bekommen hatte, führte den Musenhof fort und gestaltete die Schlossanlage im Stil des frühen Klassizismus um.[10] Nach dem Tod des kinderlosen Heinrichs 1802 wurde die Residenz zwar innerhalb der Hohenzollern-Verwandtschaft weitergegeben, aber der Glanz kehrte nie wieder zurück. Weil es ab Mitte es 19. Jahrhunderts unbewohnt blieb, war es bis zur Enteignung 1945 sogar öffentlich zugänglich. Neben Fontane, der Schloss Rheinsberg erstmals 1853 besichtigte,[11] gehörte auch Kurt Tucholsky 1911 zu den prominenten Touristen. Tucholskys Wochenendausflug mit Else Weil, seiner späteren Frau, wurde durch die Erzählung »Rheinsberg. Ein Bilderbuch für Verliebte« (1912) weltberühmt. Und das märkische Städtchen gleich mit.

Kleines Arbeitszimmer mit großem Namen

Rheinsberg ist kein gewöhnlicher Adelssitz. Daher sah sich Fontane veranlasst, seinen ersten Blick auf das Schloss in den »Wanderungen« angemessen zu inszenieren. Seine kleine Reisegesellschaft hatte sich ein Boot gemietet und war auf den Grienericksee hinausgefahren. In der Mitte *machen wir kehrt und haben ein Bild von nicht gewöhnlicher Schönheit vor uns. Erst der glatte Wasserspiegel, an seinen Ufern ein Kranz von Schilf und Nymphäen* [Seerosen], *dahinter ansteigend ein frischer Gartenrasen und endlich das Schloss selbst*. Man erwartet nun eine Hymne auf die Friderizianische Architektur, aber Fontane ist nicht begeistert – und verfällt in einen nüchternen Lexikonstil, in dem er sich aber einen typischen fontanistischen Seitenhieb nicht verkneifen kann: *Eine Beschreibung des Schlosses versuch ich nur in allgemeinsten Zügen. Es besteht aus einem Mittelstück (corps de logis) und zwei durch eine Kolonnade verbundenen Seitenflügeln. In Front der See. Mehr eine Eigentümlichkeit als eine Schönheit bilden ein paar abgestumpfte Rundtürme, die sich an die Giebel der Seitenflügel anlehnen und deren einem es vorbehalten war, zu besonderer Berühmtheit zu gelangen.* Fontane meint Friedrichs *kleine[s] Arbeitszimmer*, das zu Recht *den Namen des großen Königs führt.* Dieser Raum war Fontanes vorrangiges Ziel.

Um ins Schloss zu gelangen, musste der Besucher beim Kastellan läuten – ein damals uralter und offenbar sehr müder Mann. Als sich die kleine Reisegruppe gegen 16 Uhr dem Schloss nähert, schreibt Fontane in den »Wanderungen«, hegt sie die Hoffnung, *dass selbst der Nachmittagsschlaf eines vierundachtzigjährigen Kastellans nunmehr zu Ende sein könnte.* Die Besucher ziehen *leise mit der Hand des Bittstellers an der Klingel.* Und erfahren, nachdem sich das

Schlosstor geöffnet hatte, der Kastellan *schläft wirklich noch.* Vertretungsweise nimmt dessen Frau *unverdrossen das große Schlüsselbund von der Wand und schreitet treppauf vor uns her.* Weil sie planlos durch das Schloss läuft und Fontane *dem Leser* nicht *zumuten* wollte, *diesem Gange zu folgen*, präsentiert er die Schlossräume in der historisch korrekten *Reihenfolge* ihrer Einrichtungsphasen.

Am längsten verweilt er in Friedrichs Arbeitszimmer *im rechten Flügel des Schlosses, und zwar in dem kleinen Rundturm, der den Flügel nach vorn hin abschließt. Nur sehr klein (höchstens zwölf Fuß im Quadrat) hat es nach drei Seiten hin eine entzückende Aussicht über Wald und See.* Fontane mutmaßt, das Kabinett müsse zu Friedrichs Zeiten *auch in seiner Ausstattung einen durchaus heiteren und angenehmen Eindruck gemacht haben.*

Aber nach knapp anderthalb Jahrhunderten hatten *sich die Dinge sehr zum Schlimmeren verändert.* Längst machte sich der Verfall in Friedrichs Heiligtum breit. Er war nicht nur Folge des nagenden Zahns der Zeit, sondern auch zahlreicher Souvenirjäger, die sich an der mit rotem Samt bezogenen Schreibunterlage des Sekretärs mit den *vergoldeten Rokokofüßen* bedient hatten. Man könne *deutlich sehen*, beklagt Fontane, *wie die Federmesser, je nach der Charakteranlage der Besucher, mal größere, mal kleinere Karos herausgeschnitten haben*. Spätestens bei diesem Anblick ist es mit Fontanes humoriger Rücksicht auf den schlafenden Kastellan vorbei. Er *liebe nicht die Kastellane, die einen durch ihren Diensteifer um die Möglichkeit eines ruhigen Genusses bringen*, aber genauso wenig wolle er *jenen das Wort reden, die voll missverstandener Nachsicht ein Auge da zudrücken, wo sie's aufmachen sollten.*

Friedrichs Turmkabinett kann heute wieder besichtigt werden. Restauriert wurde auch das erste von Antoine Pesne 1737 geschaffene – und zu Fontanes Zeiten *verhältnismäßig gelitten[e]* – Deckengemälde, das die *Ruhe beim Studieren* zeigt: *ein Genius überreicht der sitzenden* [römischen Göttin] *Minerva ein Buch, auf dessen Blättern man die Namen Horaz und Voltaire liest.* Unter dieser akademischen Aura widmete sich Friedrich seinen Studien und Kompositionen, hier schrieb er 1739 seinen berühmten »Antimachiavell«. Das erwähnt Fontane zwar nicht, aber auch er kann nur *zögernd Abschied nehmen von diesem interessanten Zimmer.*

Rheinsberg, ein friderizianisches Kunstgebilde

Ist von der Kronprinzenzeit in Rheinsberg die Rede, dann verfiel bereits die zeitgenössische Publizistik in Schwärmerei: »Idyll am Grienericksee«, »Unbeschwerte Jahre eines Kronprinzen«, »Jugend-Eldorado eines großen Königs«. Auch Fontane beteiligte sich an der Glorifizierung – und schreibt im »Neuruppin«-Kapitel: Von August 1736 an – als Friedrich ins Schloss übersiedelte – *beginnen die glänzenden und vielgefeierten Rheinsberger Tage.* Für diese Deutung hat Friedrich selbst den Grundstein gelegt, indem er wenige Monate nach seiner Übersiedelung aus Rheinsberg schrieb, er habe »noch nie so glückliche Tage verlebt wie hier«.[12] Um dieses Glück zu beweisen, musste die Friedrich-Forschung nicht lange suchen. Und die Belege klingen zunächst plausibel.

Rheinsberg wird für Friedrich derjenige Ort, an dem er sich nach den seelischen Erniedrigungen in seiner Kindheit durch seinen tyrannischen Vater, der Gefangenschaft in Küstrin (1730–1732) infolge der gescheiterten Flucht sowie der Bewährungszeit als Regimentskommandeur in der

Garnisonstadt Ruppin (1732–1736) endlich seinen Neigungen frei entfalten konnte. Fern vom despotischen König und dessen spartanischer Hofhaltung formte er in der Ruppiner Provinz einen Musenhof, an dem nicht exerziert, sondern musiziert wurde. Mit von der Partie war Friedrichs Ehefrau, die er zuvor als »Gezücht« abqualifiziert hatte. In Rheinsberg verbrachte er mit der jungen Elisabeth Christine harmonische Ehejahre – zum ersten Mal unter einem Dach und – ziemlich sicher – auch in einem Bett. Es verwundert daher nicht, dass der zur Selbstinszenierung neigende Friedrich den Ort ein wenig mystifizierte. Weil sich seit der Renaissance-Zeit hartnäckig der Glaube hielt, in Rheinsberg befände sich das Grab vom Zwillingsbruder des römischen Romulus, modifizierte Friedrich in seinen Briefen den Absender. Seine Post kam nun aus »Remusberg«.

Aber Friedrichs Welt am Grienericksee war ein Kunstgebilde, das nicht erst zerbrach, als er 1740 den preußischen Thron bestieg. Die Rheinsberger Jahre sind keine Ausnahmeerscheinung in Friedrichs Leben, sondern genauso widersprüchlich wie sein Charakter. Auch Fontane äußerte Zweifel, indem er in seinen »Wanderungen« den angeblich harten Bruch zwischen Friedrichs *verdunkelt[er]* Zeit in Ruppin und den *glänzenden* Tagen in Rheinsberg in Frage stellt. Aber der Reihe nach.

Eine Art von Doppelwirtschaft

Tatsächlich weist einiges darauf hin, dass Friedrich in der Rheinsberger Oase mitten in der märkischen Wüste glücklich war. In der bis dahin trostlosen und »unglücklichen« Jugend des Kronprinzen entsprach die Zeit im Rheinsberger Schloss einer seelischen Kur. Der Vater, König Friedrich Wilhelm I. (Reg. 1713–1740), der seinen Sohn nach dessen Fluchtversuch 1730 noch am liebsten zusammen mit seinem Fluchthelfer und Freund Katte hätte hinrichten lassen wollen, erfüllte dem Kronprinzen nun den Traum von einem eigenen Hof und kaufte ihm die heruntergekommene Herrschaft Rheinsberg. Für den strengen und sparsamen Soldatenkönig ein ungewöhnlich großzügiges Geschenk.

Den Umbau nahm Friedrich selbst in die Hand – zunächst mit Hofbaumeister Johann Gottfried Kemmeter, ab 1737 mit Georg Wenzeslaus von Knobelsdorff. Das Raumkonzept veranschaulichte Friedrichs Selbstverständnis. Nicht der Thronsaal stand im Mittelpunkt, sondern das Schreibkabinett mit Bibliothek. Es trage »unverkennbar die Züge einer philosophisch inspirierten Herrschaftsauffassung«, so der Friedrich-Biograf Johannes Kunisch. In seiner »allem Pompösen abgewandten Heiterkeit« weise seine Residenz Rheinsberg auf den Schlossbau von Sanssouci hin.[13]

Friedrichs Umbaupläne ließen sich jedoch nicht alle verwirklichen. Es fehlte an Geld. So mussten statt teurem Parkett schlichte Holzdielen ausreichen. Weil der König strenge Sparauflagen erteilt hatte, sah sich der stets klamme Kronprinz immer wieder gezwungen, Geld zu borgen. Der Kreditrahmen reichte bis nach Wien. Friedrich wurde jedoch nicht nur finanziell an der kurzen Leine gehalten. Der Kronprinz konnte sich nie sicher sein, ob der Vater wieder »Spione« beauftragte, um ihm über das Treiben am Rheinsberger Hof zu berichten, oder ob er gleich selbst eine Stippvisite plante. Friedrich Wilhelm I. blieb misstrauisch und unberechenbar. Und er verlangte eine Gegenleistung, die nicht nur für Friedrich zu einer Herausforderung wurde. Der König erwartete einen Thronfolger. Das idyllische Rheinsberg sollte dafür den idealen Rahmen bieten.

Für Friedrich wiederum bot Rheinsberg den perfekten Rahmen für seine illustre Gesellschaft von Offizieren, Wissenschaftlern und Künstlern, die sich »Akademie« nannte und zu der – im Unterschied zur späteren Tafelrunde von Sanssouci – auch Frauen gehörten. Hier konnte sich der von Regierungsgeschäften noch unbelastete Kronprinz ungestört dem Genuss der Wissenschaften und Künste hingeben. Hier verschlang er die Schriften von Wolff, Voltaire und Locke. In Rheinsberg begann auch Friedrichs Karriere als Autor. Er dichtete Verse, verfasste historische Darstellungen und philosophische Abhandlungen. Er schrieb verständlich, amüsant und frei von Dogmen. Friedrich wollte auch niemanden belehren: »Verfallen wir niemals in den lächerlichen Dünkel jener unfehlbaren Gelehrten, deren Worte als Orakelsprüche zu gelten haben«, appellierte er in einer erst posthum veröffentlichten Abhandlung.[14] Friedrich hatte Vergnügen am Philosophieren – und bezog im fachwissenschaftlichen Diskurs allerdings selten Position.

Das Bild vom lesenden, schreibenden, musizierenden und an der Rheinsberger Tafel parlierenden Kronprinzen hat sich tief eingebrannt in die Friedrich-Rezeption. Der Musenhof ohne Sorgen war jedoch nur eine Seite der Rheinsberger Zeit. Ohne Frage war es die heitere. Schaut man hinter die Kulissen, findet man die andere Seite.

Friedrich hat nach seiner Übersiedelung nach Rheinsberg der Garnisonstadt Ruppin keineswegs den Rücken gekehrt. Fontane, der in den »Wanderungen« aus Originalbriefen des Kronprinzen zitiert, verweist *auf eine Art Doppelwirtschaft*. Es waren die *durch den »Dienst« gebotenen Besuche*, die einerseits seiner Funktion als Regimentskommandeur in Ruppin geschuldet waren, andererseits der Pflege der dort angelegten *Gärten und Treibhäuser*. Selbst den sonntäglichen Gottesdienst, so Fontane im »Neuruppin«-Kapitel, absolvierte Friedrich in Ruppin, *während Des Champs* [deutsch-französischer Hofprediger Jean Deschamps] *vor der Kronprinzessin* [Elisabeth Christine] *und dem Hofe in Rheinsberg predigte*.

Was Fontane jedoch nicht schreibt: Rheinsberg war auch kein Ab-Bruch seiner Vorbereitungen auf das Königsamt. Friedrich Wilhelm I. begann schon in der Ruppiner Zeit, den Kronprinzen über die politischen Abläufe und seine Entscheidungen zu informieren. Und Friedrich verfasste nicht nur Abhandlungen über die Brandenburg-Preußische Geschichte, sondern schaute auch in die Zukunft »seines« Landes. Bereits 1731, als er noch in Küstrin seinen Fluchtversuch büßen musste, verkündete er in einem privaten Schreiben, wer nicht vorwärts komme, der gehe zurück. Gemeint war die »fortschreitende Vergrößerung des Staates«; es müsse ein Zusammenhang zwischen den einzelnen Landesteilen hergestellt werden.[15] Ohne Krieg waren diese Pläne nicht zu verwirklichen.

In Rheinsberg veröffentlichte er zudem seine europapolitischen Vorstellungen – wenn auch in einer anonymen Flugschrift: Würden Staatskunst und Klugheit nicht Einhalt gebieten, dann gebe »der Mächtigere« Gesetze vor, die »der Schwächere« unterschreiben müsse. Und wörtlich: »Der Stärkere ist wie ein wütender Gießbach. Er schwillt über, reißt alles fort und ruft die verderblichsten Umwälzungen hervor.«[16] Hinter der Maske des selbst ernannten »Frédéric le Philosophe« verbirgt sich der absolutistische Herrscher, der nach seiner Thronbesteigung 1740 nicht zu stoppen war und Schlesien überfiel.

Tatsächlich Hass?

Glücklich war in Rheinsberg auch Friedrichs Frau. Der »Rheinsberger Aufenthalt«, schrieb sie ihrem Bruder Karl, sei ihr »so angenehm wie er nur immer sein kann, bin ich doch vereint mit dem liebsten, das ich auf der Welt besitze«.[17] Elisabeth Christine, Prinzessin von Braunschweig-Wolfenbüttel-Bevern (1715–1797), hatte den preußischen Kronprinzen 1733 geheiratet, blieb jedoch bis zu ihrer Ankunft in Rheinsberg Ende August 1736 vom Thronfolger räumlich getrennt. Er war in Ruppin stationiert und ihr wurde das Berliner Kronprinzenpalais zugewiesen. Selten schrieb er ihr, noch seltener besuchte er sie. Und sein Urteil über die junge Frau war vernichtend. Sie sei dumm und albern; es fehle ihr die geistige Reife und die Erziehung; sie kleide sich »sehr schlecht« und »tanze wie eine Gans«. In seinen Briefen spricht er von dem »Gezücht«, von seiner »Stummen«, vom »hässlichen Geschöpf«. Seine prinzipielle Abneigung ist größtenteils dem väterlichen Verdikt geschuldet. Friedrich Wilhelm hatte die Braut ausgesucht und die Ehe zur zentralen Bedingung für Friedrichs Freiheit gemacht. Der selbstbewusste Kronprinz wies allerdings darauf hin, der König möge wenigstens bedenken, »dass nicht er sich verheiratet, sondern ich. Ihm selbst muss daraus der größte Kummer entstehen, wenn er zwei Menschen vereint, die sich hassen und in der unglücklichsten Ehe der Welt leben.«[18] Aber Friedrich wusste genau, dass er keine Wahl hatte – und willigte in das Eheprojekt schließlich ein.

»Die Ehe macht mündig«, schrieb er im Herbst 1732 und kündigte im selben Atemzug an, was passieren werde, wenn er später König sei: Sobald er »Herr im Hause« sei, habe seine Frau »nichts darin zu befehlen. [...] Ich lasse Madame ihre Wege gehen und tue meinerseits, was mir gefällt; vive la Liberté.«[19]

Elisabeth Christine war zunächst ahnungslos. Und bei ihrer Ankunft in Rheinsberg voller Hoffnung, dass sich nun alles fügen werde. Und tatsächlich schien ihr Wunsch in Erfüllung zu gehen: Die Kronprinzessin wurde von Friedrich gebührend empfangen und von seinem Freundeskreis freundlich aufgenommen. Ihre Wohnung im Schloss grenzte direkt an Friedrichs Privaträume, und in ihrem Schlafzimmer stand ein riesiges Prunkbett. Das war allerdings ein Geschenk des Schwiegervaters, der bereits ein Jahr zuvor deutlich ausgesprochen hatte, was er von ihr erwartete: »einen dicken wackeren Jungen«.[20] Ohne an dieser Stelle über Friedrichs Sexualität zu spekulieren, belegen Äußerungen beider Ehepartner, dass sie offenbar nichts unversucht ließen, die Thronfolge zu sichern.[21]

Auch sonst schien sich der verunglückte Ehestart am Rheinsberger Musenhof in märkische Luft aufgelöst zu haben. Schon vor ihrer Ankunft hatte sich Elisabeth Christine bemüht, Friedrich zu gefallen. Sie perfektionierte ihr Französisch, nahm Tanzstunden, begann zu malen und setzte sich mit seiner Lektüre auseinander. Die angeblich einfältige Kronprinzessin prognostizierte bereits in Rheinsberg, Friedrich werde der »Phönix unserer Zeit« sein, und sie sei stolz, »das Glück zu haben, die Frau eines so großen Fürsten zu sein, der jede gute Eigenschaft besitzt«.[22] Für Elisabeth Christine war ihr Mann bereits als Kronprinz der Große.

Friedrich registrierte ihr Bemühen und revidierte sein Urteil. »Ich war niemals in sie verliebt«, schrieb er, »aber ich müsste der niedrigste Mensch sein, wenn ich sie nicht aufrichtig schätzen wollte. Sie hat einen sanftmütigen Charakter und gibt sich die größte Mühe, mir eine Freude zu bereiten.«[23] Doch der Schein trog. Friedrich habe die Anwesenheit von Elisabeth Christine und ihrer Hofdamen, konstatiert die Historikerin Karin Feuerstein-Praßer, »nur notgedrungen toleriert«.[24] Friedrich war besonders freundlich zu ihr, wenn sie ihm Geld beschaffen konnte, zwischen ihm und ihrem Bruder, Karl I. Herzog von Braunschweig-Wolfenbüttel, vermitteln oder beim König ein gutes Wort für ihn einlegen sollte. Aber wenn Friedrich in Rheinsberg mit selbst gedichteten Versen einigen jungen Frauen huldigte, zählte seine Frau nicht zu den Besungenen. Dass die Kronprinzessin inzwischen ahnte, in einer Scheinwelt zu leben, zeigen ihre Annahmen über die Zeit nach dem Tod ihres Schwiegervaters, der sie nicht nur für seinen Sohn ausgewählt hatte, sondern nach der Heirat schützend seine Hand über die in der Hohenzollern-Familie weitgehend isolierte Kronprinzessin hielt. Als sich der Gesundheitszustand Friedrich Wilhelms I. wieder einmal verschlechtert hatte, schrieb sie vertraulich an ihren Bruder Karl, sie wisse nicht, »wie das für uns werden soll. Um offen zu sein: Ich fürchte sehr um ihn«. Tatsächlich fürchtete sie um sich selbst. »Wie es jetzt ist, gibt mir Zuversicht, und ich bin tausendmal glücklicher als Kronprinzessin, denn dann werden tausend

Dinge dazwischentreten, die zur Zufriedenheit nicht beitragen.«[25] Elisabeth Christine erläutert zwar nicht, was sie mit »tausend Dingen« meint, aber sie wird nicht nur an die Regierungsgeschäfte ihres Mannes gedacht haben.

Am Ende kam es schlimmer, als sie es befürchtet hatte. Einen Vorgeschmack auf ihre künftige Rolle bekam sie noch in Rheinsberg zu spüren. Nach dem Tod Friedrich Wilhelms I. erhielt sie zwei Briefe ihres Mannes, der nun in der neuen Rolle als König Friedrich II. an sie schrieb. Nachdem er sie kurz und kühl über das Ableben des Königs informiert hatte, erteilte er ihr im zweiten Brief die ersten »Befehle«, wie sie sich im Rahmen der Trauerzeit zu verhalten habe, und machte ihr unmissverständlich klar, welche Rolle sie im preußischen Staat künftig einnehmen werde: »Madame. Sobald Sie hier angekommen sind, werden Sie sich sofort zur Königin begeben um ihr Ihren Respekt zu beweisen, und Sie werden versuchen, darin mehr zu tun als sonst.«[26] Für Friedrich war nicht seine Frau die neue Königin, sondern nach wie vor seine Mutter. Es war nur der Anfang einer Kette jahrzehntelanger Demütigungen. Friedrich verbannte Elisabeth Christine nicht nur komplett aus seinem privaten, sondern auch weitgehend aus dem öffentlichen Leben. Sie wurde zur Schattenkönigin. Weil sie in Friedrichs immer größer werdendem Staat keine Rolle spielte, war sie sowohl in der Friedrich-Forschung als auch in der öffentlichen Wahrnehmung nicht von Bedeutung. Selbst beim demokratischen Staatsakt im Berliner Schauspielhaus 2012 anlässlich des 300. Geburtstags von Friedrich II. wird sie – ganz in Friedrichs Sinne – in allen Festreden verschwiegen. Auch der angebliche Frauenversteher Fontane macht diesbezüglich keine Ausnahme. In seinem »Rheinsberg«-Kapitel taucht sie nicht auf. Und im gesamten Band »Die Grafschaft Ruppin« wird sie nur einmal am Rande erwähnt – als »Kronprinzessin« ohne Namen und natürlich im Kontext Friedrichs. Fontane bleibt sich auch in diesem Fall treu: Die »Wanderungen«-Bände sind eine Männerdomäne.[27]

Elisabeth Christine tritt erst wieder als Königin-Witwe in Erscheinung – in der Nebenrolle einer höfischen Tragödie. Ausgerechnet an ihrer Tafel verliebt sich der Nachfolger ihres Mannes, König Friedrich Wilhelm II., in die junge Julie von Voß, die als Mätresse in Fontanes »Spreeland«-Band zu zweifelhafter Popularität gelangt.

Musenhof 2.0: Fuchs' Lebenswerk

Bei Detlef Fuchs im Schloss Rheinsberg gibt es Grünen Tee, den der Kustos schwungvoll in zwei weiße Porzellantassen gießt. Nach dem Schmorbraten im Rheinsberger Ratskeller wäre mir ein Jägermeister eigentlich lieber. Aber einmal am Tag sündigen reicht. Bei Detlef Fuchs hat alles Struktur. Unser Gespräch ist auf genau zwei Stunden terminiert und der Tee zieht exakt zwei Minuten.[28] In seinem Arbeitszimmer stehen unzählige Ordner, in denen alle wichtigen Unterlagen abgeheftet sind. Sucht er etwas, was er unbedingt zeigen möchte, reicht ein Handgriff. Der Kustos, unter dessen Federführung das Schlossensemble wiederhergestellt worden ist, hat seinen Sitz im Eckzimmer des nördlichen Pavillons. Exklusiver haben vor ihm nur die Friedrichs und Heinrichs des Hohenzollern-Clans residiert. Obwohl Fuchs sichtlich bemüht ist, seine Rolle »in einem hervorragenden Team« herunterzuspielen, weiß jeder in Rheinsberg: *Er* ist eine Institution. Und Detlef Fuchs meint, Rheinsberg sei ein »Lebensgeschenk«. Es ist auch sein Lebenswerk.

Nische Rheinsberg

Dass er einmal märkischer Museumskurator werden würde, war für den in der DDR geborenen Fuchs keinesfalls vorherbestimmt. Weil seine Mutter wollte, dass er nicht auf die Erweiterte Oberschule (EOS) wechselt, sondern einen Beruf erlernt, absolvierte er Abitur und eine Berufsausbildung zum Maschinisten, von deren Praxiserfahrungen er später profitierte. Dass Maschinist dennoch nicht der richtige Job für ihn war, erkannte sein alter Geschichtslehrer: »Ist doch falsch, wo du gelandet bist.« Er holte ihn zurück in die Historie.

Detlef Fuchs begleitete den Lehrer, der in den 1970er Jahren die »Wanderungen« neu schreiben wollte, auf dessen Fahrradtouren durchs Ruppiner Land. Die Ausflüge führten ihn auch nach Neuruppin, wo er erstmals Fontanes Geburtshaus sah. Im Neuruppiner Heimatmuseum hatte der junge Fuchs ein Erweckungserlebnis. Von den Exponaten derart fasziniert, entstand der Traum, irgendwann ein Fontane-Museum zu leiten. Dabei hatte er in der Schule – wie die Mehrheit der Deutschen in Ost und West – »Effi Briest« nur »zwangsweise« gelesen. Als ich kurz einwerfe, dass weder Rheinsberg noch die Geburtsstadt Neuruppin ein Fontane-Museum planen, sondern Ribbeck, wo der Wanderer nachweislich nie Station gemacht hat, lächelt er nur verschmitzt.[29]

Detlef Fuchs, der später Germanistik und Geschichte auf Lehramt studierte, wollte jedoch weder in den Schuldienst noch an die Pädagogische Hochschule, wo er promoviert worden war. 1987 eröffnete sich in Rheinsberg die Chance, in eine Nische zu wechseln, die seinen Wünschen entsprach. Zwei Jahre zuvor hatte Fuchs eine Ausstellung im Schloss gesehen, die anlässlich der 650-Jahr-Feier Rheinsbergs gezeigt wurde und »erstmals nach 1945 die kulturhistorische Bedeutung des Schlosses hervorhob«. Ein zweites Erweckungserlebnis.

Der Rheinsberger Bürgermeister versprach Fuchs das Unmögliche: die »Befreiung« aus der DDR-Volksbildung, der »dritten Leibeigenschaft«. Im Schloss Rheinsberg sollten ein Museum und eine Literaturstätte eingerichtet werden. Und Fuchs die Leitung übernehmen – als Angestellter des Bürgermeisters. Was nicht so einfach war, denn das Schloss war zu DDR-Zeiten ein Diabetikersanatorium. Zwischen 1949 und Dezember 1990 betreuten hier hundert Mitarbeiter jährlich nahezu 2000 Patienten. Der unlösbare Widerspruch zwischen einer medizinischen Einrichtung des 20. Jahrhunderts und der Erhaltung der höfischen Wohnkultur aus dem 18. Jahrhundert führte ungeachtet der Bemühungen von Denkmalpflege und Sanatoriumsleitung zu substanziellen Verlusten wie beispielsweise der Zerstörung der Sommerwohnung des Prinzen Heinrich im Erdgeschoss.

Erschwerend kam hinzu, dass Fuchs zunächst kein Geld für eine Ausstellung zur Verfügung stand. Stattdessen wurde die Parole ausgegeben: »Fangen Sie schon mal an!« Der nächste Fünfjahresplan kommt bestimmt. Es kam die Wende. Und damit die Möglichkeit, dem Schloss seinen alten Glanz zurückzugeben.

Die Zeit bis zur offiziellen Schlüsselübergabe an die Potsdamer Schlösserverwaltung am 1. April 1991 ist ein typischer Nach-Wende-Krimi, den der Zeitzeuge hoffentlich irgendwann einmal für die Nachwelt festhalten wird. Fuchs wurde nun Kastellan, 2003 dann Kustos für Architektur und Denkmalpflege. Neben Rheinsberg betreute er auch die Berliner Schlösser Schönhausen und Charlottenburg.

Kein Filzpantoffel-Museum

In kürzester Zeit wurden zunächst zwanzig Räume im Obergeschoss vom Sanatoriumsmobiliar befreit und hergerichtet, sodass im Mai 1991 die ersten Schlosszimmer gezeigt werden konnten. Der Andrang war enorm. 100000 Interessierte pilgerten im ersten Dreivierteljahr nach Rheinsberg.

Weil Fuchs »kein weiteres Filzpantoffel-Museum« wollte, sondern ein lebendiges Haus, in dem – wie zu Friedrichs Zeiten – Konzerte und Lesungen stattfinden sollten, plante er von Anfang an auch Veranstaltungen, eine Galerie für zeitgenössische Kunst und ein Literaturmuseum – für *den* Autor, der mit seiner Erzählung »Rheinsberg. Ein Bilderbuch für Verliebte« von 1912 den Ort populärer machte als die beiden Hohenzollern-Brüder: Kurt Tucholsky (1890–1935). Der bis dahin wenig bekannte Schriftsteller hatte sein Rheinsberg-Buch sicher nicht zufällig zum 200. Geburtstag des berühmten Königs herausgebracht. Nun sind die beiden Rheinsberg-Liebhaber museal unter einem Dach vereint: der Pazifist und Monarchiegegner und der preußische Kriegsherr par excellence, der in seiner Regierungspolitik ungeachtet aufgeklärter Züge an der Ständegesellschaft festhielt. Im Nordflügel des Schlosses befindet sich heute das Kurt Tucholsky Literaturmuseum, das von 1993 bis 2024 von Peter Böthig geleitet wurde.

Schloss Rheinsberg wieder vollständig ins 18. Jahrhundert zurückzuführen, schien anfangs unmöglich. Nach dem Tod des Prinzen Heinrich 1802 wurde ein Großteil des Inventars als Erbschaftsgut verkauft oder in andere Schlösser gebracht. Im Zweiten Weltkrieg diente Rheinsberg als Depot für Kunstwerke aus den Potsdamer Schlössern. Nach Kriegsende kamen Stalins Trophäenbrigaden auch hierher und transportierten die eingelagerten Gegenstände ab. Dennoch wurde vieles nach 1991 aufgespürt oder aus Privatbesitz zurückgekauft. Oder es wurde Inventar, wie die 39 Wandpfeilerspiegel, aus Fragmenten und mit Hilfe bildlicher Überlieferungen wiederhergestellt.[30]

Seit dem Beginn der Rekonstruktion 1991 wurden inzwischen 36 Räume ins 18. Jahrhundert zurückverwandelt. Zum Höhepunkt der Wiedergewinnung ursprünglicher Raumdekorationen gehört die Sanierung des frühklassizistischen Muschelsaals (2015–2017), der 1769 nach einem Entwurf des damals noch unbekannten Architekten Carl Gotthard Langhans d. Ä. errichtet wurde.[31]

Geschichtsvergessen in Rheinsberg?

Das 20. Jahrhundert spielt in Rheinsberg keine Rolle mehr. Was bei der Rekonstruktion von Schloss Schönhausen in Berlin-Pankow gelang (2006–2009), sowohl das 18. Jahrhundert, also die Zeit der Königin Elisabeth Christine (der Frau Friedrichs des Großen), als auch das 20. Jahrhundert, also die Zeit der DDR, auszustellen, ist in Rheinsberg erst gar nicht versucht worden. Als ich Detlef Fuchs damit konfrontiere, man hätte in Rheinsberg die DDR abgeräumt, erklärt er, »dass das so nicht ganz stimmt«. Im letzten Schlossraum erhält der Besucher einen dokumentarischen Eindruck vom Sanatoriumsambiente. Fuchs ist mit sich im Reinen: »Ich stehe zu der Entscheidung.« Das Pankower Schloss habe zudem »eine andere Bedeutung«. In der Tat: In Schönhausen wurden keine Patienten aufgenommen, sondern Staatsgäste empfangen.

Obwohl Detlef Fuchs inzwischen kein Kustos mehr ist, engagiert er sich auch weiterhin für

Rheinsberg. Als Vorsitzender des Kunst- und Kulturvereins erhebt er vehement seine Stimme, wenn es darauf ankommt – wie beim erbitterten Streit um den Erhalt des Tucholsky-Museums. Das Museum war 2023 in den Fokus der Stadtregierung geraten, weil Rheinsberg sparen muss. Es erwirtschaftet für die kleine Stadt ein zu großes Defizit. Der Coup des Bürgermeisters (Freie Wähler), die Museumsleitung einzusparen und künftig mit der Leitung des Tourismusamtes zusammenzulegen, führte jedoch zu massiven Protesten. Sie erreichten sogar die Bundesregierung und boten reichlich Stoff für überregionale Feuilletons, weil es nicht nur ums Geld, sondern gleich ums große Ganze ging. Hier bahne sich, konstatierte Fuchs in einer Brandrede im Schlosstheater, ein »Kulturkampf« an. Denn Tucholsky sei hier offenbar, meinen viele Rheinsberger nur hinter vorgehaltener Hand, inzwischen unerwünscht. Wiederholt sich Geschichte doch?

Aber: Tucholsky wird bleiben. Wie die Hohenzollern. Und Detlef Fuchs hat noch einige Ideen für »sein« Schloss. 2026 steht der 300. Geburtstag von Prinz Heinrich ins Haus. Der ideale Anlass für eine Jubiläumsausstellung. Fuchs ist dann erst 71 Jahre jung.

Man begreift eine stille Passion dafür.

Theodor Fontane über Köpernitz im »Wanderungen«-Band »Die Grafschaft Ruppin«, 3. Auflage, 1873

KÖPERNITZ

Mit Köpernitz hatte Fontane zunächst kein Glück. Dabei hatte der Autor sich redlich bemüht, an Material zu kommen und einen Kontakt zum Gutsbesitzer herzustellen. Empört schrieb er seiner Schwester Elise im Sommer 1861:

Mitteilungen von Herrn von Zeuner, dem damaligen Besitzer des Guts, *erwart ich nicht mehr; diese Herrn sind alle noch wie die Nachtwächter und scheinen nicht mal zu wissen, dass ein Gentleman auf den Brief eines Gentleman wenigstens antwortet. Mitunter kommt mir der Jammer an.*

Weil seine Anfrage unbeantwortet geblieben war, hatte Fontane offenbar auch keine Motivation, ohne eine Terminvereinbarung nach Köpernitz zu fahren. Dennoch wollte er seinem

Lesepublikum zumindest *ein Bild der Lokalität* vermitteln. Also musste seine Schwester hin. *Ich stell es dir nun zur Aufgabe und will daran Deine Macht über Männerherzen erproben, dass du Gentz beredest, mal in Gesellschaft von seiner Frau und Dir von Gentzrode aus nach Köpernitz zu fahren.* Detailliert listete Fontane auf, was Elise sich *scharf* ansehen sollte. *Zehn bis zwölf Zeilen sind genug, aber es muss ein anschauliches Bild geben.*[32]

Warum Elise letztlich den Auftrag nicht ausführte, bleibt unklar. Jedenfalls erschien der erste »Wanderungen«-Band von 1862 ohne Köpernitz. Erwähnung findet der Ort nur im großen Rheinsberg-Teil, was dem Gutsbesitzerpaar La Roche-Aymon geschuldet war, für das sich Fontane ohnehin in erster Linie interessierte. Weil das illustre Paar den Rheinsberger Hof des Prinzen Heinrich zu bereichern verstand, bekam es sogar ein eigenes Unterkapitel: *Graf La Roche-Aymon und Koepernitz.*

Nicht nur den kritischen Leserinnen wird auffallen: Die Ehefrau ist im Titel nicht genannt, obwohl sie ab 1814 alleinige Herrin des Guts war und sich – letztlich dank Fontane – bis heute einer gewissen Popularität erfreut. Erst ab der dritten

Auflage von 1875 heißt das Unterkapitel *Graf und Gräfin La Roche-Aymon.*

Aber nicht nur die Gräfin hatte es damit geschafft. Auch Köpernitz gelangte endlich in die »Wanderungen« – mit einem eigenen Kapitel.

Dennoch ringt der Ort bis heute um Aufmerksamkeit. Obwohl das kleine Dorf mitten im Ruppiner Dreieck zwischen Rheinsberg im Norden, Gransee im Osten, Lindow im Süden und Neuruppin im Westen liegt, rauschen die Auswärtigen mit dem Auto achtlos vorbei. Köpernitz hat keinen See und wenig Wald.

Insider wissen jedoch, dass man in Köpernitz etwas geboten bekommt, was man in den Fontane-Metropolen Neuruppin und Rheinsberg nicht erwarten kann: Kultur und Kulinarik in geselliger Atmosphäre. Der Verein, der das Gutshaus der La Roche-Aymons betreibt, hat 2012 sogar den Fontane-Förderpreis der Stadt Neuruppin erhalten.

Köpernitz will und muss entdeckt werden. Die Einschätzung des berühmten Wanderers ist nach wie vor aktuell: *Es ist ein Platz von einer nicht gerade frappanten, aber doch von einer poetischen und nachhaltig wirkenden Schönheit. Man begreift eine stille Passion dafür.*

Prinzessin Goldhaar: Auf- und Abstieg einer märkischen Schönheit

Fontane hätte ihr begegnen können. Als er im Ruppiner Land für seine »Wanderungen« zu recherchieren begann, lebte die Gräfin noch. Angesichts ihres hohen Alters muss jedoch bezweifelt werden, dass Karoline de La Roche-Aymon (1771–1859) den unbekannten Dichter so empfangen hätte, wie er es sich ausmalte: Und *noch in späteren Jahren wusste* die Gräfin es *einzurichten, dass etwa eintreffender Besuch sie womöglich im Négligé überraschen und das Haar bewundern musste.* Bei ihrer Beschreibung gerät Fontane ins Schwärmen: *Sie war mittlerer Figur, vom weißesten Teint und besaß, als besondere Schönheit, eine solche Fülle blonden Haares, dass es, wenn es aufgelöst, bis zu den Knien herabfiel und sie wie ein goldener Mantel umhüllte.*

Der Dichter kommt nicht umhin, Karoline fontanisch zu adeln: Als *Prinzessin Goldhaar* ist sie dann auch in die Literaturgeschichte eingegangen. Im Spätwerk »Der Stechlin« (1898) findet sie mit ihrem wirklichen Namen Erwähnung und in Fontanes erstem Roman »Vor dem Sturm« (1878) ist sie Vorbild für Gräfin Amelie von Pudagla.

Doch Fontane wäre nicht Fontane, wenn er nicht auch von einem Makel zu erzählen wüsste. Er verliebe sich in seine Frauengestalten, *nicht um ihrer Tugenden, sondern um ihrer Menschlichkeiten, d. h. um ihrer Schwächen und Sünden willen.* Karolines *reichbewegtes Leben* umfasste eine Sünde und gleich mehrere Schwächen.

Ein perfektes Dreiecksverhältnis

Die Natur hatte Karoline Amalie Marie von Zeuner mit Schönheit und Intelligenz ausgestattet. Und der Vater ermöglichte ihr einen perfekten Einstieg in die Hofgesellschaft. Carl Bernhard Friedrich Baron von Zeuner war seit dem Regierungsantritt Friedrich Wilhelms II. im Jahr 1786 dessen Kammerherr und verfügte über ausreichenden Einfluss, um seine Töchter bei Hofe einzuführen.

Im Jahr 1793 wurde die 22-jährige Karoline Hofdame bei Prinzessin Friederike; ihre Schwester Emilie bei deren Schwester Luise, die als Königin der Herzen in die preußische Geschichte einging. Das adlige Glück der Hofdame schien perfekt, als Karoline bei einem Ball Anfang 1795 den französischen Emigranten Graf Charles de La Roche-Aymon (1772–1849) kennenlernte und kurz darauf heiratete.

Allerdings wurde der charmante und gutaussehende Charles von einer weiteren Person begehrt. Karoline musste sich ihre Liebe mit Prinz Heinrich, dem Bruder Friedrichs II., teilen, der Charles überhaupt erst nach Preußen geholt hatte. Der junge Franzose war jedoch weit mehr als ein weiterer Lustknabe am Rheinsberger Hof. Charles avancierte zu Heinrichs wichtigstem Kontaktmann, um die politischen Vorstellungen des Prinzen am preußischen Hof zu Gehör zu bringen. So war die innige Beziehung zwischen Prinz und Graf, die bis zu Heinrichs Tod im Jahr 1802 andauerte, eine klassische Win-win-Situation. Der siebzigjährige Prinz fand in Charles einen Freund und Liebhaber, der für ihn bald als unentbehrlicher Verbindungsmann zum Berliner Hof fungierte und mit dem er auf Augenhöhe in den politischen Diskurs treten konnte.

Ob die Gräfin von der homoerotischen Beziehung zwischen ihrem Bräutigam und dessen Arbeitgeber wusste, kann nur gemutmaßt werden. Falls sie davon Kenntnis gehabt haben sollte, war es offensichtlich kein Hinderungsgrund.

Von einer Scheinehe zu sprechen, weil die Beziehung kinderlos blieb, ist sicher Spekulation. Fest stand jedoch, dass beide Seiten – ungeachtet gegenseitiger Sympathie – voneinander profitierten. Charles festigte mit der Verbindung zu einer preußischen Adligen seine Position in Preußen, Karoline wurde dauerhaft ein Teil des Berliner Hofes und musste ihr Dasein nicht irgendwo in der Provinz an der Seite eines märkischen Gutsherrn fristen.

Heitere Grazie oder intrigante Kreatur?

Nach dem Einzug der Gräfin La Roche-Aymon brachen in Rheinsberg für Prinz Heinrich goldene Tage an: *Wenn die Gegenwart des Grafen schon vorher ein Lichtblick an dem vereinsamten Hofe des Prinzen gewesen war, so war es jetzt, wo »Prinzessin Goldhaar« mit ihm zurückkehrte, wie wenn die Tage früherer Rheinsberger Herrlichkeit noch einmal anbrechen sollten. […] Die Gräfin machte die Honneurs des Hauses, war Gast und Wirtin zugleich, und der Prinz, enchantiert, hing nicht nur an jeder Bewegung der schönen Frau, sondern freute sich ihrer Gegen-*

wart überhaupt, alles an ihr bewundernd, ihre Augen, ihren Witz und selbst – ihre Kochkunst.

So viel Wertschätzung Heinrichs stieß in Rheinsberg nicht überall auf Gegenliebe. Graf Lehndorff, Kammerherr und Chronist des höfischen Lebens zur Zeit Friedrichs II., zählte die »Rochemonds« zu denjenigen, »die die Börse des Prinzen plündern«. Graf La Roche-Aymon schenke Heinrich »all sein Vertrauen und wollte nur noch ihn in seiner Nähe haben. Das Kerlchen mischte sich in alles ein, und das friedliche Rheinsberg wurde zu einem Ort des Hasses.« Lehndorff gab aber die Hauptschuld nicht Charles – der sei »nur unbesonnen und unehrlich« –, sondern dessen Frau: Die Gräfin La Roche-Aymon sei »eine intrigante Kreatur«.[33]

Und Lehndorff fühlte sich bald bestätigt. *Ein Abenteuer trat endlich störend dazwischen und warf einen Schatten auf dies heitere Stilleben,* kündigt Fontane vorsichtig ein Ereignis an, das in Rheinsberg eine kleine Sonnenfinsternis auslöste. Der Störenfried war kein Geringerer als der preußische Frauenheld par excellence. Prinz Louis Ferdinand ließ auch in Rheinsberg nichts anbrennen. Und *Prinzessin Goldhaar* ließ sich verführen, fühlte sich womöglich geschmeichelt.

Die Liaison kam ans Licht, bevor sie richtig begonnen hatte. Nur mit Mühe konnte Heinrich ein Duell zwischen Louis Ferdinand und Charles verhindern. Der preußische Apoll musste Rheinsberg umgehend verlassen und der Adjutant mit großem Einfühlungsvermögen besänftigt werden.[34] Am Hof wurde sogleich das Gerücht gestreut, *die Rochemonds* hätten die Affäre nur inszeniert, um Heinrich weiter zu schröpfen. Das Paar musste jedoch keinen Komplott schmieden, um dem Prinzen mehr Geld aus der Tasche zu ziehen: Zum einen wurden sie vom Prinzen durch das Adjutanten-Gehalt finanziert, zum anderen ließ Heinrich beiden ohnehin zusätzlich materielle Gunstbeweise zukommen. Im Sommer 1802 erhielten die La Roche-Aymons das größte Geschenk: Gut Köpernitz. *Ob der Prinz erst in seinem Testament oder schon bei Lebzeiten diese Schenkung machte*, hat Fontane *nicht mit Bestimmtheit in Erfahrung bringen können.* Dennoch äußert er eine Vermutung, die ein gefundenes Fressen für die *Rochemond*-Gerüchteküche gewesen sein dürfte: *Wahrscheinlich fand ein Scheinkauf mit Hilfe dargeliehenen Geldes statt, das dann schließlich in die prinzliche Kasse zurückfloss.*

Obwohl der Prinz beabsichtigte, nach seinem Tod Charles mit dem Gut dauerhaft abzusichern, hielt sich das Interesse des Adjutanten an dem neuen Besitz in Grenzen. Es handelte sich schließlich um keine Garnisonsstadt; in Köpernitz lebten – nach einer Zählung von 1798 – zehn Büdner, Besitzer oder Pächter eines kleinen Stück Landes, die auf dem Gut arbeiteten, zwei Leineweber sowie je ein Müller, Schäfer, Schneider und Ziegelstreicher.[35]

Für Karoline erwies sich die Übertragung von Köpernitz jedoch als Glücksfall. Aber das ahnte *Prinzessin Goldhaar* zu diesem Zeitpunkt noch nicht.

Denn zunächst eröffnete sich für die La Roche-Aymons eine neue, attraktivere Lebensperspektive. Mit Napoleons Niederlage im Frühjahr 1814 bot sich Charles die Chance auf eine dauerhafte Rückkehr nach Frankreich. Als die Republik vorerst beseitigt war und Ludwig XVIII. den französischen Thron bestiegen hatte, entschloss sich der glühende Monarchist Charles, wieder nach Paris überzusiedeln. Vor der Abreise regelte La Roche-Aymon auch seine

Vermögens- und Besitzverhältnisse in Brandenburg. In einer vierseitigen *Special Vollmacht* vom 27. Juni 1814 überließ er Karoline seinen Besitz. Konkret handelte es sich um die Güter Köpernitz und Heinrichsfelde, welche die Gräfin samt Zubehör »an jeden beliebigen Käufer und für jeden beliebigen Preis zusammen oder nach Umständen getrennt [...] verpachten, verpfänden, verkaufen« könne.[36]

Als sich mit Napoleons endgültiger Verbannung im Sommer 1815 die Lage in Frankreich beruhigt hatte, verließ auch Karoline La Roche-Aymon Preußen und folgte ihrem Mann nach Paris. Das Gut Köpernitz hatte sie zuvor verpachtet.

Wie es ihr in der französischen Hauptstadt ergangen war, weiß nur Fontane. Einmal mehr versteht er es, geschichtliche Leerstellen mit poetischem Kitt zu füllen. Und weil seine Beschreibung die einzige Quelle ist und nachvollziehbar klingt, wird sie bis heute immer wieder zitiert.

Fontanes *Prinzessin Goldhaar* hatte *am Hofe Ludwigs XVIII. Huldigungen entgegengenommen, die fast dazu angetan waren, die Triumphe ihrer Jugend in den Schatten zu stellen. In der Tat, sie war noch immer eine schöne Frau, hatte sie doch das Leben allezeit leichtgenommen und im Gefühl, für die Freude geboren zu sein, der anklopfenden Sorge nie geöffnet.* Aber die eitle und herrschsüchtige Gräfin war *empfindlich gegen Kränkungen, und diese blieben nicht aus.*

Es mochte ihr leichtfallen, die lockere Moral der Hauptstadt und ihres eigenen Hauses zu ertragen, nicht aber *die Herrschaft im Hause mit einer Rivalin zu teilen. Das Blatt hatte sich gewandt, und die Schuld der Rheinsberger Tage wurde spät gebüßt.*

Ihre Sünde, ihre Affäre mit Prinz Louis Ferdinand, hatte Fontane nicht vergessen und der Graf ihr offenbar nicht verziehen. Jedenfalls habe die Marquise beschlossen, *Paris aufzugeben.* Ein Vorwand war *leicht gefunden: »der Pächter habe das Gut vernachlässigt«.*

Karoline La Roche-Aymon zog 1826 *still in das stille Wohnhaus von Köpernitz ein.* Was für ein Kulturschock. Aus der französischen Hauptstadt kehrte *Prinzessin Goldhaar* ohne Mann in die brandenburgische Provinz zurück. Aber sie wusste, was sie erwartete. Und sie hatte die *Special Vollmacht* von 1814, mit der sie auf dem Gut ohne Rücksprache mit Charles walten und schalten konnte. In Köpernitz *hat sie noch dreiunddreißig Jahre gelebt.*

Wurst wider Wurst

Eine gerechte Gutsherrin war die Gräfin offenbar nicht. Fontane hat sich bei seinem Besuch in Köpernitz bei *alt und jung daselbst* umgehört und in dieser Frage wenig Schmeichelhaftes über die Gräfin in Erfahrung bringen können. Sie sei *eine resolute Frau* gewesen, *klug, umsichtig und tätig, aber auch rechthaberisch, die, weil sie beständig recht haben und herrschen wollte, zuletzt schlecht zu regieren verstand. Es lag ihr mehr daran, dass ihr Wille geschah, als dass das Richtige geschah.*

Offenbar galt sie zum Schluss auch als beratungsresistent. Denn die *Schmeichler und Jasager* hätten *leichtes Spiel auf Kosten derer* gehabt, *die's wohlmeinten*. Immerhin behielt sie das, wofür sie Fontane so lobte: *[A]ber was ihr bis zuletzt die Herzen vieler zugetan machte, war das, dass sie, trotz aller Schwächen und Unleidlichkeiten, im Besitz einer wirklichen Vornehmheit war und verblieb. Sie glaubte an sich.* Schuldenfrei bewirtschaftete sie ihr Gut, zu dem inzwischen eine Wassermahl- und eine Schneidemühle, eine eigene Ziegelei und eine dampfbetriebene Gutsbrennerei gehörten.

Außerdem produzierte sie Wurst, die über die Grenzen von Goldhaars Reich hinaus berühmt wurde. Die Gräfin soll König Friedrich Wilhelm IV. bei einem seiner Besuche in Köpernitz mit einer *Trüffel- oder Zervelatwurst* überrascht haben.

Von den Kostproben derart entzückt, erbat er sich auch *etwas davon für seine Potsdamer Küche (natürlich nicht vergeblich), und zum Weihnachtsabend erschien das königliche Gegengeschenk: ein Kollier, aus goldenen Würstchen bestehend, die Speilerchen von Perlen, und begleitet von einem verbindlichen Schreiben mit dem Motto:* »Wurst wider Wurst«. *Geschenk und Gegengeschenk wiederholten sich mehrere Male, so dass sich zu dem Kollier ein Armband und zu dem Armband ein Ohrgehänge gesellte; zuletzt erschien eine Tabatière in Form einer kurzen, gedrungenen Blut- und Zungenwurst, äußerst wertvoll, oben und unten mit Rubinen besetzt.*

Eines Tages erfuhr die Gräfin aus den Zeitungen, *dass einer der Hofschlächtermeister zu Potsdam, als Gegengeschenk für eine große Fest- oder Jubiläumswurst (und sogar unter Beifügung desselben Mottos: »Wurst wider Wurst«), in gleicher Weise durch eine Tabatière beglückt worden war.*

Für die stolze Gräfin war das ein unverzeihlicher Affront. Sie stellte *die Sendungen in die königliche Küche* unverzüglich ein. Die Köpernitzer Wurstjuwelen gelten heute als verschollen.

Am 18. Mai 1859 starb Karoline La Roche-Aymon, einen Monat, nachdem sie stolze 89 Jahre geworden war. *Ihre Lieblingskatze, so heißt es, habe sie auf die Lippe gebissen*, berichtet Fontane. *Mit ihr wurde die letzte Repräsentantin der Prinz-Heinrich-Zeit zu Grabe getragen.* Wer sie beerbte, ist Fontane keine Zeile wert.

Das Gut übernahm ihr Neffe Ferdinand Zeuner (1823–1886); genau der, von dem Fontane 1859 keine Antwort erhielt.

Das Grab der Gräfin befindet sich in der Mitte des Friedhofes, den sie schon 1839 außerhalb von Köpernitz anlegen ließ. *Ein graues*, inzwischen moosbewachsenes *Marmorkreuz trägt* den Namen und die Lebensdaten.

Am Ende widerspricht sich Fontane ein wenig. Kein Wort mehr über die Rechthaberei der Gräfin. *Sie war so beliebt, dass sich immer noch* Blumen *vorfinden, die, von Zeit zu Zeit, besonders aber an den Gedächtnistagen, von* Verehrern von nah und fern *auf ihrem Grabe niedergelegt werden.* Bis heute.

Zwanzig Jahre, zwanzig Fundstücke: Köpernitzer Geschichten

Exotisch wie das Leben der Gräfin ist auch die Ruhe der Toten in Köpernitz. Karolines Friedhof liegt mitten im Wald. Stiller kann man nicht zu Grabe getragen werden. Fontane verglich ihn mit dem *Berliner Matthäikirchhof*, der auch *an einem sanften Abhange* liege. Es böte sich ein weiterer Vergleich an: Die markante Feldsteinmauer, die den Waldfriedhof umgrenzt und die mit Moosen und Farnen bewachsen ist, erinnert an irische und schottische Landschaftsbilder. An einer Mauer – gleich hinter der Grabanlage derer von Zeuner – lehnt die stattliche Sammlung der Grabsteine von Begräbnisstätten, deren Ruhezeit abgelaufen ist. Auf diesem Friedhof gerät niemand in Vergessenheit. Und die Gräfin sowieso nicht.

Vor ihrem Grabkreuz steht eine Blumenschale, als ich an einem sonnigen Septembertag auf dem Waldfriedhof meinen Besuch in Köpernitz beginne. Es ist weder der Geburts- noch der Sterbetag der Gräfin. Heute feiert der Verein, der ihr ehemaliges Herrenhaus in ein KulturGutshaus verwandelt hat, ein Jubiläum.[37] Ich passiere den Riesenfindling mit der Aufschrift »Waldfriedhof

Köpernitz« und verlasse durch ein schmuckes, hellbraun gestrichenes Holztor den Ort der Stille. Durch ein Kiefernwäldchen gelange ich hinaus auf einen traumhaften Wald- und Wiesenweg, der parallel zum Kleinen Rhin nach Köpernitz führt.

Wenn man Köpernitz direkt vom Waldfriedhof aus erreicht, liegt rechterhand – unmittelbar nach dem Ortseingang auf der Bergstraße – das Gutshaus. *Das Herrenhaus ist von großer Einfachheit: ein Erdgeschoss (neun Fenster Front) mit Dach und Erker*, schreibt Fontane in den »Wanderungen« kurz und knapp über das Erscheinungsbild und wendet sich sogleich – entweder aus Platzmangel oder weil ihm das Äußere nicht weiter erwähnenswert erschien – dem Inventar zu. Dabei hat er, als er Köpernitz 1873 besuchte, das Gebäude in seinem Notizbuch skizziert.[38] Auch die Besitzverhältnisse spielten für ihn keine Rolle. Das Gut gehörte zum Rheinsberger Reich, das der Soldatenkönig 1734 für seinen zur Räson gebrachten Sohn, den späteren Friedrich II., zähneknirschend und in Erwartung eines Nachfolgers kaufte. Friedrich zog mit seiner ungeliebten Frau Elisabeth Christine ins Schloss Rheinsberg und aus der Bredowschen Meierei in Köpernitz wurde ein kronprinzliches Vorwerk, das – als eine Art frühneuzeitliche LPG – den nur fünf Kilometer entfernten Rheinsberger Hof versorgte. Nachdem Friedrich 1740 den Thron bestiegen hatte, übertrug er Rheinsberg an seinen Bruder Heinrich. Und damit auch Köpernitz, das Heinrich 1802 den La Roche-Aymons vermachte.

Um 1800 wurden am Köpernitzer Gutshaus vermutlich erste bauliche Erweiterungen vorgenommen. Offenbar gab es auch Versuche, dem Gebäude einen Schlosscharakter zu verleihen. Kurz nach dem Tod der Gräfin gestalteten deren Erben die Gartenfront zu einer symmetrischen Schaufassade im spätbarocken Stil um. Besonders anmutig sind die drei Giebelaufbauten, die sich mit filigranen Stuckverzierungen hervortun. Der mittlere Giebel ist höher, um die Gebäudemitte zu akzentuieren. Auf alten Postkarten findet sich dann tatsächlich einige Jahre später die Bezeichnung »Schloss«. Der Verein KulturGutshaus tut heute also gut daran, das Gutshaus »im Dorf zu lassen«. Beeindruckt ist man auch so. Die Gartenfront im leichten Ockerton ist ein märkisches Schmuckstück. Wer auf Details achtet, der ahnt, mit welcher Liebe bei der Restaurierung vorgegangen wurde. Als architektonische Krönung im wahrsten Sinne des Wortes sieht der Verein die

Wiederherstellung der fünf maroden und baufälligen Schornsteine, die mit Spezialklinkern wieder auf das Mansardendach gemauert, nein gezaubert wurden.

Das KulturGutshaus

Vor dem Gutshof herrscht bereits ein reges Treiben, als ich eintreffe. Bis zum frühen Abend werden ca. zweihundert Besucher einem Tag des offenen Denkmals der besonderen Art beiwohnen. Der Verein KulturGutshaus nimmt sein zwanzigjähriges Bestehen zum Anlass, seinen Besuchern zwanzig »Fundstücke« zu präsentieren. Die Ausstellung wird vom Vereinschef eröffnet. Bernd Donner, der im weißen kurzärmligen Hemd unprätentiös auf der Türschwelle zum überfüllten Saal steht, schaut angesichts des Andrangs strahlend in die Runde. *Je mehr Kutschen im Hofe hielten, desto wohler wurd ihr ums Herz, und je mehr Lichter im Hause brannten, desto hellere Funken sprühten ihr Geist und ihre gute Laune*, weiß Fontane über die Gräfin zu berichten. »Sie sind heute mit modernen Kutschen gekommen«, sagt Donner und regt für nicht mobilisierte Besucher die Wiederbelebung der stillgelegten Bahnverbindung zwischen Rheinsberg und Köpernitz an. In der Ausstellung würden schon mal Fahrkarten zum Lochen ausliegen. Sechzig Pfennig kostete eine Fahrt zu DDR-Zeiten. »Vielleicht hält hier irgendwann mal wieder ein Zug.«

Das ist so wahrscheinlich wie die Wiederkehr der Gräfin. Käme sie, wäre sie von der Köpernitzer Willkommenskultur beeindruckt. Der 75-jährige Donner macht den Gästen des Hauses auf solch vornehme und charmante Weise die Honneurs, dass die Gräfin ihn umgehend engagiert hätte. Und wäre das Gutshaus doch ein Schloss, er wäre als Kastellan von Köpernitz gesetzt. Donner, der den Verein seit dem Jahr 2000 leitet, hat das Gutshaus in die heutige Zeit geführt – mit einem modernen Nutzungskonzept, das nicht auf museale Verwaltung setzt, sondern auf kreative Veranstaltungen für ein möglichst breites Publikum. Von den erstaunlichen Besucherzahlen können vergleichbare öffentlich finanzierte Häuser nur träumen. Natürlich agiert hinter ihm ein Team, sonst wären der Verein und dessen Programm nicht zu stemmen.

Donner verweist auf den temporären Charakter der Ausstellung, denn die Schau *20 Jahre*

Förderverein – 20 Fundstücke ist aufgrund der vielen Leihgaben nur an diesem einen Tag des offenen Denkmals zu sehen. Dokumente, Bilder, Karten, Modelle und Erstausgaben präsentieren nicht nur die Geschichte von Köpernitz und den anderen Ortsteilen der Gemeinde Heinrichsdorf, sondern auch das Leben der berühmten Hausherrin. So wird erstmals eine Originalabschrift der *Special Vollmacht* von 1814 gezeigt, mit welcher der Graf La Roche-Aymon seiner Gräfin das Gut Köpernitz übertrug, bevor er nach Frankreich übersiedelte.

Natürlich darf auch die rührendste Geschichte aus dem Nachleben der Gräfin nicht fehlen. Es ist die Geschichte eines Bildes. Des einzigen Bildes der Gräfin, das von ihr überliefert ist. Jahrzehnte galt es als verschollen. Diese Geschichte beginnt, natürlich, mit Fontane.

Es war, als lächelten sie

Als Fontane auf seiner Ruppin-Reise *an einem milden Herbsttage* im September 1873 endlich Köpernitz besuchte, wurde ihm auch der Zutritt ins Gutshaus gewährt. Ob der inzwischen populäre Wanderer aus Berlin von dem Erben der Gräfin, Ferdinand von Zeuner, der ihm 1859 nicht geantwortet hatte, persönlich empfangen wurde, oder ob ihn ein Gutsangestellter in die Räume ließ, lässt sich nicht mehr rekonstruieren. *Das einladendste Zimmer des Hauses ist der Salon, der den Blick auf eine große Parkwiese hat.* Hier fand Fontane *die Mehrzahl der historischen Wertstücke* vor. Zu ihnen gehörten zehn Porträts von Personen, die er namentlich aufführt. Neben einem Gemälde der Gräfin La Roche-Aymon hingen auch ihre beiden Männer: ihr Ehemann Charles und ihr Liebhaber Prinz Louis Ferdinand, der preußische Apoll. Karoline hatte offenbar tolerante Erben, die mit den illustren Partnern der berühmten Hausherrin vielleicht auch ein bisschen angeben wollten.

Fontane hat die Gräfin also gesehen; der Vereinsvorsitzende und Gräfinnen-Experte Bernd Donner dagegen lange Zeit nicht. »Wir wussten nicht, wie sie aussah«, erzählt er. Zehn Jahre habe der Verein nach Bildern gesucht. Bis Köpernitz im Sommer 2008 unerwarteten Besuch aus Österreich erhielt: Nachfahren der Familie Zeuner aus der Linie von Karolines Neffen Barnim von Zeuner. Unter ihnen der achtzigjährige Baron

Barnim Lentz und die junge Alexandra Götzinger-Lentz, die dem überrumpelten Vereinsvorsitzenden freudig berichteten, dass sie das Bild der Gräfin kennen würden. Es hängt im Familienschloss Reitenau in der Steiermark. Bei ihrem Besuch holte die junge Frau einen USB-Stick aus der Hosentasche und sagte: »Ich habe es dabei. Wollen Sie es sehen?« Bernd Donner schaute sie ungläubig an und antwortete: »Darf ich mich setzen?« Er schildert die Episode so plastisch, als hätte sie sich erst gestern ereignet.

Zum 150. Todestag Karolines wurde das Bild am »Tag der Gräfin« 2009 der Öffentlichkeit vorgestellt. Seitdem hängt eine Kopie des Gemäldes im Blauen Salon – der kleine Raum bildet auf der Gartenseite das Zentrum des Gutshauses. Wer genau hinschaut, erkennt in dem voluminösen rötlich-blonden Haar einen goldenen Schimmer. Fontane hat er sich zweifelsohne offenbart. Er taufte die Gräfin *Prinzessin Goldhaar.*

Die Bildergalerie im Salon des Köpernitzer Herrenhauses blieb Fontane in Erinnerung. Denn sie taucht noch einmal in den »Wanderungen« auf – am Schluss des Kapitels *Die Menzer Forst und der große Stechlin*. Ob sich die abendliche Kutschfahrt aus der Menzer Forst und die

Ankunft in Köpernitz so ereignet haben, wie Fontane sie beschreibt, lässt sich nicht beweisen. Ihre poetische Ausschmückung legt aber die Vermutung einer ästhetischen Wahrheit nahe. Was nicht nur dem Sachbuchautor auffällt: Köpernitz, immerhin das Ziel der Fahrt, wird nicht genannt. Und dass Fontane im Salon am Kamin bis Mitternacht weilte, ist wohl zu viel des Wunsches. Aber lesen Sie am besten selbst:

Nicht nur Groß-Menz lag hinter uns, auch die Groß-Menzer Forst.

Immer kühler wurde es, wir wickelten uns in unsere Plaids und niemand sprach mehr. Die prustenden Pferde warfen den Schaum nach hinten, und Acker, Sand und Schonung – immer schattenhafter kamen und schwanden sie. Jetzt ein Steindamm, jetzt lange Pappelreihen, und nun auch jener wärmere Luftstrom, der uns die Nähe menschlicher Wohnungen bedeutete. Noch eine Biegung, zwischen den Bäumen hindurch schimmerte Licht und – unser Wagen hielt.

Eine halbe Stunde später, und der hohe Kamin sah uns im Halbzirkel um seine Flamme versammelt. Die Scheite, echte Kinder der Menzer Forst, brannten hoch auf, auf uns hernieder aber sahen die Ahnen des weitverzweigten Hauses:

die Neales, die Oettinger und La Roche-Aymon, und zwischen ihnen das leuchtende Bild des »Saalfelder Prinzen«.

Die Rede ging von alter und neuer Zeit. Märchenhaft verschwamm uns Jüngsterlebtes mit Längstvergangenem, und während wir eben noch über den Rheinsberger See hinglitten und das Gekicher schöner Frauen zu hören glaubten, weitete sich plötzlich das stille Wasserbecken und bildete Strudel und Trichter, und der Hahn, der unten auf dem Grunde des Großen Stechlin sitzt, stieg herauf und krähte seinen roten Kamm schüttelnd über den See hin.

Mitternacht war heran, die Scheite verglimmten und nur ein Flackerschein spielte noch um die Bilder. Es war, als lächelten sie.

ANHANG

Anmerkungen

1 Zur Baugeschichte des Rheinsberger Ratskellers vgl. Mathias Klenke, Der Ratskeller, in: http://www.mathias-klenke.de/downloads/gast/841/ [Zugriff: 22.5.2024].

2 Ruppin-Reise vom 18. bis 23.7.1859, in: F–Chronik, S. 981.

3 Über die Manuskriptarbeit informierte Fontane seine Frau: »Gestern und heut hab ich fleißig gearbeitet (Rheinsberg; werden vier Kapitel)«, vgl. Theodor Fontane an Emilie Fontane, 12. September 1859, in: F–GBA, EBW 2, S. 169.

4 Über »unsren Ausflug nach Rheinsberg« berichtete er seiner Frau, vgl. Theodor Fontane an Emilie Fontane vom 31.5.1861, in: F–GBA, EBW 2, S. 178; Ruppin-Reise vom 28.5. bis 4.6.1861, in: F–Chronik, S. 1118.

5 Notizen über Rheinsberg, in: F–NB, A3 (29.5.1861).

6 Vgl. Regine Buddeke, Fontanes Wanderungen müssen neu bewertet werden, in: Märkische Allgemeine Zeitung vom 28.3.2019.

7 Fontanes Tagebucheintrag vom 19.8.1856; zit. nach: F–GBA, Grafschaft Ruppin, S. 570.

8 Fontanes Tagebucheintrag vom 4.6.1857; zit. nach: ebd., S. 570.

9 Ebd.

10 Vgl. das Kapitel »Köpernitz« in diesem Buch.

11 Diese Jahreszahl nennt Fontane selbst mitten im »Rheinsberg«-Kapitel. Ein konkreter Beleg existiert nicht, aber es ist davon auszugehen – vorausgesetzt, dass Fontanes Jahreszahl korrekt ist –, dass er während eines Besuches bei seinem Jugendfreund Hermann Scherz in Kränzlin im Juli 1853 einen Abstecher in das 30 Kilometer entfernte Rheinsberg unternahm. Vgl. F–Chronik, S. 376.

12 Kronprinz Friedrich (II.) an Geheimrat Ulrich Friedrich von Suhm, [Winter 1736]; zit. nach: Johannes Kunisch, Friedrich der Große. Der König und seine Zeit, Verlag C.H. Beck, München [Sonderausgabe] 2011, S. 75 [künftig: Kunisch, Friedrich].

13 Kunisch, Friedrich, S. 73.

14 Kronprinz Friedrich (II.), Abhandlung über die Unschädlichkeit der Irrtümer des Geistes; zit. nach: Friedrich der Große, Potsdamer Ausgabe. Band VI. Philosophische Schriften, hrsg. von Anne Baillot und Brunhilde Wehinger, Berlin 2007, S. 41.

15 Kronprinz Friedrich (II.) an Kammerjunker von Natzmer, Februar 1731; zit. nach: Friedrich der Große, Ausgewählte Werke. In deutscher Übersetzung. Band 2.2, hrsg. v. Gustav Berthold Volz, Berlin 1918, S. 258 [künftig: Friedrich, Ausgewählte Werke].

16 Zit. nach: ebd., Band I, S. 242.

17 Kronprinzessin Elisabeth Christine an Herzog Karl I. von Braunschweig-Wolfenbüttel, [Herbst] 1736; zit. nach: Helmut Trunz, Königin Elisabeth. Die Welfin an der Seite Friedrichs II., Sutton Verlag Erfurt 2011, S. 86 [künftig: Trunz, Elisabeth Christine].

18 Kronprinz Friedrich (II.) an Friedrich Wilhelm von Grumbkow, Februar 1733; zit. nach Paul Noack, Elisabeth Christine und Friedrich der Große. Ein Frauenleben in Preußen, Klett-Cotta, Stuttgart 2001, S. 45 [künftig: Noack, Elisabeth Christine].

19 Kronprinz Friedrich (II.) an Friedrich Wilhelm von Grumbkow, April 1732; zit nach: Kunisch, Friedrich, S. 63 f.

20 König Friedrich Wilhelm I. an Kronprinzessin Elisabeth Christine, 8. November 1735; zit. nach: Karin Feuerstein-Praßer, »Ich bleibe zurück wie eine Gefangene«. Elisabeth Chris-

tine und Friedrich der Große, Verlag Friedrich Pustet, Regensburg 2011, S. 39 [künftig: Feuerstein-Praßer, Elisabeth Christine].

21 Vgl. Kunisch, Friedrich, S. 74 f.; Trunz, Elisabeth Christine, S. 87.

22 Kronprinzessin Elisabeth Christine an ihre Großmutter, Herzogin Christiane Luise von Braunschweig-Wolfenbüttel, 3. Oktober 1736; zit. nach: Feuerstein-Praßer, Elisabeth Christine, S. 43.

23 Aussage Friedrichs vom Juli 1736 im »Journal secret du baron de Seckendorff«; zit. nach Kunisch, Friedrich, S. 74.

24 Feuerstein-Praßer, Elisabeth Christine, S. 45.

25 Elisabeth Christine an Karl I. von Braunschweig-Wolfenbüttel, o. D.; in: Feuerstein-Praßer, Elisabeth Christine, S. 46.

26 Friedrich II. an Elisabeth Christine, 1. Juni 1740; in: Feuerstein-Praßer, Elisabeth Christine, S. 51.

27 Vgl. Gabriele Radecke/Robert Rauh, Wundersame Frauen. Weibliche Lebensbilder aus den »Wanderungen durch die Mark Brandenburg«, Manesse Verlag, München 2019.

28 Gespräch mit Detlef Fuchs im Schloss Rheinsberg am 28.8.2017.

29 Im Schloss Ribbeck wurde am 1. Mai 2019 ein Fontane-Museum eröffnet.

30 Rheinsberg 25. Wiedererweckung eines Musenhofs. Schloss und Garten Rheinsberg, hrsg. von der Generaldirektion der Stiftung Preußische Schlösser und Gärten Berlin-Brandenburg, 2017, S. 10.

31 Ebd., S. 14 f.

32 Theodor Fontane an seine Schwester Elise, 17.7.1861; zit. nach: F–GBA, Grafschaft Ruppin, S. 700.

33 Ernst Ahasverus Heinrich von Lehndorff, Am Hof der Königin Luise. Das Tagebuch vom Jahr 1799, hrsg. von Eva Ziebura u. a., Stapp Verlag, Berlin 2009, S. 281.

34 Vgl. hierzu: Robert Rauh, Fontanes Frauen, be.bra verlag, Berlin 2018, S. 185 ff.

35 Köpernitz und sein Gutshaus. Köpernitzer Ansichten Heft 1, hrsg. vom Förderverein KulturGutshaus e. V., o. O., o. D., S. 7.

36 Special Vollmacht vom 27. Juni 1814, Archiv KulturGutshaus e. V.

37 Besuch in Köpernitz am 9.9.2018.

38 F–NB, Notizbuch A2, Bl. 43v.

LITERATUR (Fontane-Quellen)

F–GBA, Die Grafschaft Ruppin
Fontane, Theodor: Wanderungen durch die Mark Brandenburg, Bd. 1: Die Grafschaft Ruppin, hrsg. von Gotthard Erler und Rudolf Mingau, Große Brandenburger Ausgabe. 2. Aufl., Aufbau-Verlag, Berlin 1994.
Hinweis: Alle kursiv gesetzten Fontane-Zitate ohne Anmerkung sind diesem Band entnommen.

F–GBA, EBW
Fontane, Emilie und Theodor: Der Ehebriefwechsel. 3 Bde., hrsg. von Gotthard Erler unter Mitarbeit von Therese Erler, Große Brandenburger Ausgabe, Aufbau-Verlag, Berlin 1998.

F–GBA, Vor dem Sturm
Fontane, Theodor: Vor dem Sturm. Roman aus dem Winter 1812 auf 13, hrsg. von Christine Hehle, Große Brandenburger Ausgabe, Aufbau Verlag, Berlin 2011.

F–NB
Fontane, Theodor: Notizbücher. Digitale Edition, hrsg. von Gabriele Radecke, Göttingen 2015–2020 (https://fontane-nb.dariah.eu/index.html).

F–Chronik
Berbig, Roland: Theodor Fontane Chronik, de Gruyter, Berlin 2010.

Dank

Gabriele Dietz, Marijke Leege-Topp und Robert Zagolla (BeBra Verlag), Gabriele Radecke (Berlin), Detlef Fuchs und Peter Böthig (Rheinsberg), Ilse und Bernd Donner (Köpernitz)

Drei der fünf Texte wurden folgendem Buch entnommen:
Robert Rauh: Fontanes Ruppiner Land.
Neue Wanderungen durch die Mark Brandenburg.
Berlin: edition q im be.bra verlag 2019

Bibliografische Information der Deutschen Nationalbibliothek: Die Deutsche Nationalbibliothek verzeichnet diese Publikation in der Deutschen Nationalbibliografie; detaillierte bibliografische Daten sind im Internet über http://dnb.d-nb.de abrufbar.

Asternplatz 3, 12203 Berlin
post@bebraverlag.de
Lektorat: Gabriele Dietz/Marijke Leege-Topp, Berlin
Umschlag: Goscha Nowak, Berlin (Foto: akg-images)
Satz: typegerecht berlin
Schriften: Korolev, Stempel Garamond
Druck und Bindung: Finidr, Český Těšín
ISBN 978-3-8148-0311-1

www.bebraverlag.de